PAS UNE GOUTTE DE SANG FRANÇAIS

DU MÊME AUTEUR

La Laïcité en face, entretiens avec Virginie Malabard, Desclée de Brouwer, 2005.

Les Habits neufs de la gauche, Robert Laffont, 2006.

Pour en finir avec le vieux socialisme... et être enfin de gauche ! entretiens avec Claude Askolovitch, Robert Laffont, 2008.

La Gauche et le pouvoir, avec Gilles Candar, Fondation Jean-Jaurès, 2010.

Pouvoir, Stock, 2010.

Sécurité, la gauche peut tout changer, Éditions du Moment, 2011.

L'Énergie du changement, Le Cherche-Midi, 2011.

L'Exigence, Grasset, 2016.

MANUEL VALLS

PAS UNE GOUTTE DE SANG FRANÇAIS

BERNARD GRASSET
PARIS

Photo de bande : JF Paga

ISBN : 978-2-246-81695-9

À mes enfants,
Benjamin, Ugo, Joachim, Alice,
si français.

« Je n'ai pas une goutte de sang français
mais la France coule dans mes veines. »

Romain Gary

PRÉFACE

Partir, revenir

Barcelone, Paris. Partir, revenir. J'assume ! J'assume mes doutes et mes contradictions. Je revendique de pouvoir changer d'avis, comme n'importe qui. À la tête du gouvernement de la France, lorsque j'étais Premier ministre, j'ai pris des décisions qui engageaient tout un peuple et pour lesquelles je n'avais pas droit à l'erreur. Aujourd'hui, c'est en simple citoyen que je décide de mon destin. Et après plus de deux ans d'absence, j'aspire à ne pas choisir entre deux vies. J'habite l'Espagne depuis deux ans et demi. J'aime cette terre, dont mon père était originaire, j'aime sa langue, sa lumière, ses paysages, j'aime la Catalogne, où j'ai passé une partie de mon enfance et de mon adolescence. Je suis heureux à Barcelone, la ville dont je suis conseiller municipal. Mon épouse y a sa famille, moi aussi ; j'y ai surtout ma sœur, Giovanna. Mais en deux ans et demi, j'ai acquis une certitude : je suis français. Ma culture est celle de la France – Hugo, Dumas, Péguy, Camus ; l'Histoire qui me fait vibrer est celle de la France – Charlemagne,

Jeanne d'Arc, Louis XIV, la Révolution, Bonaparte, j'admire Georges Clemenceau, Edmond Michelet et Charles de Gaulle. L'actualité française me passionne, la presse, les débats, même les polémiques – tout me ramène à la France. Il a fallu que je la quitte pour le comprendre. Il a fallu m'en éloigner pour que j'aspire à m'en rapprocher. J'y tiens d'autant plus que la période est douloureuse, violente. Mon pays souffre. Le voir victime d'attentats terroristes barbares, d'une crise sanitaire interminable, d'une crise sociale historique, d'une crise démocratique profonde, et demeurer de l'autre côté de la frontière m'est, à proprement parler, insupportable.

Lorsque je me suis expatrié, à l'été 2018, pour être candidat à la mairie de Barcelone, ce départ était définitif, j'en étais convaincu. Là-bas j'avais un avenir. Ici j'étais mort. La rupture était consommée avec ma femme, avec la rue, avec les socialistes, avec la politique. Ma défaite à la primaire citoyenne, en janvier 2017, a été sans appel. Ensuite, je me suis prononcé pour Emmanuel Macron à l'élection présidentielle, parce que la campagne du candidat du PS me semblait catastrophique, et que je voulais à tout prix éviter un duel au second tour entre Marine Le Pen et François Fillon. À l'époque, j'ai sous-estimé l'impact de ce choix au sein de mon parti : je suis devenu le traître, l'incarnation de celui qui ne respectait pas sa parole. J'ai tardé à prendre la mesure de l'hostilité à mon égard, l'hostilité de mon camp, bien sûr, mais surtout celle des Français. Malgré cela, malgré le mépris affiché de certains dirigeants de

La République en Marche et leur volonté de m'effacer du paysage, je me suis présenté à Évry, ma ville, aux élections législatives, sous l'étiquette de la majorité présidentielle. Pas question de disparaître sans me battre. J'ai refusé qu'on décide à ma place, refusé qu'on dise que je n'avais pas eu le courage d'affronter le suffrage universel dans la circonscription dont j'étais le député depuis 2002. J'ai gagné, même si ma victoire a été étroite et contestée, dans un climat de violence et de tensions. Il n'empêche : mon monde s'est effondré. Pourquoi n'ai-je pas renoncé ? Pour ne pas crever. Le mot n'est pas élégant ; je n'en trouve aucun autre. La politique c'est toute ma vie, depuis quarante ans.

Le début de l'année 2017 a été rude. J'étais sonné. Au propre comme au figuré, giflé en janvier pendant la campagne des primaires, par un individu se réclamant de Dieudonné. La manière dont les gens me regardaient dans la rue, les commentaires sur les réseaux – je rêvais de me dérober, de cesser d'être regardé. J'étais au bord de la rupture, une sorte d'anéantissement psychologique. Je pouvais me briser, je l'ai senti presque physiquement. Un matin j'ai pris trois billets d'avion pour Madrid, et je suis parti quinze jours avec mes jumeaux. Après Madrid, nous sommes descendus à Séville. Il faisait beau, nous avons déjeuné dehors, pris le temps d'être ensemble, écouté du flamenco et flâné dans les rues. Quelque chose s'est rallumé, cette petite flamme qui vous pousse à aller de l'avant. Une sorte de tentation espagnole fugace, alors que l'opportunité de la campagne municipale à Barcelone ne s'était pas encore présentée. Je le répète, c'était changer de vie ou se résigner à subir l'avenir.

La suite est connue. Ma démission de l'Assemblée nationale en 2018, mon départ, la Catalogne, la campagne pour la mairie. La joie de se retrouver dans l'arène, de défendre ses convictions. J'étais dans le long terme. Revenu à la maison… La France faisait partie de mon passé. Petit à petit je me suis reconstruit. J'ai rencontré Susana, la femme que j'aime. Nous nous sommes mariés à l'été 2019. Une Catalane, barcelonaise, profondément espagnole, francophone et francophile, avec laquelle j'ai trouvé l'apaisement, l'harmonie. Un équilibre, aussi, entre mes racines espagnoles et mon amour de la France. Sa joie de vivre et sa gaieté ont été éminemment salvatrices. J'ai perdu les municipales mais j'ai réussi à empêcher l'élection d'un maire indépendantiste, en soutenant sans condition la candidate de la gauche. Avec ce choix, j'ai redonné un sens à mon combat politique. Bref, j'ai recommencé à avancer sur mes deux jambes.

Malgré l'éloignement, j'ai conservé des attaches avec la France, où vivent ma mère, mes quatre enfants et leur mère, une institutrice courageuse, où je compte mes amis les plus chers. Mais il m'a fallu deux ans pour prendre du plaisir à revenir, pour marcher dans la rue sans redouter d'être pris à partie, pour mesurer combien me manquait le lien avec les Français. Il m'a fallu deux ans pour attendre plus impatiemment chaque déplacement, au point de chercher un nouvel appartement à Paris, au début de l'année 2020. Pendant ces deux ans, je n'ai jamais cessé de correspondre avec Emmanuel Macron, avec François Hollande, avec Bernard Cazeneuve, avec d'autres dirigeants politiques. J'ai suffisamment de recul, aujourd'hui, pour ne pas voir de signe dans un SMS du président de la République. Bien sûr j'ai envie d'être considéré, respecté, écouté : quand on a été Premier ministre, quand on a eu l'audace de prétendre être candidat à la fonction suprême, n'est-ce pas normal ? J'ai été l'un des ministres les plus populaires du début du quinquennat Hollande. J'ai aimé ça. Je pense que je suis légitime à m'exprimer sur les sujets qui me tiennent à cœur, sans autre prétention que de défendre mon point de vue. Et quand bien même j'aurais des ambitions, est-ce que ça m'est interdit ? La France me manque, elle me travaille, elle me taraude. J'ai besoin d'elle pour boucler l'aventure.

Il n'est pas question de me justifier, ni de m'expliquer. Cette période est révolue. Il ne s'agit pas non plus de convaincre que j'ai changé : tout le monde change. J'ai vieilli. J'ai appris. J'ai l'expérience du pouvoir, du succès, de la chute, du rejet. Et si un jour je pouvais être utile, dans certaines conditions, au nom de quoi le refuserais-je ? Je le dis d'autant plus facilement que ce n'est pas l'objet de ce livre. Je n'entends pas réécrire le passé, ni dérouler un programme pour l'avenir. Je veux simplement raconter ma France, avec cette « gueule d'atmosphère » qui me la rend si chère. Dans le cœur de chacun d'entre nous, il y a des noms, des lieux, des dates qui jalonnent le chemin et dessinent un pays à la fois unique et universel. Un souvenir d'enfance, une petite route, une chapelle, un discours dont on se souvient, un comédien, une philosophe, un divorce, des attentats, la force d'un combat : mis bout à bout, ces pointillés forment un hexagone. Ce livre parle de moi, mais pas seulement. Il parle aussi de la République, de valeurs partagées, de fraternité, de ce qui nous rassemble et de ce qui parfois nous divise. Comme notre Ulysse s'en revient, chez Du Bellay, « plein d'usage et raison », enfin conscient de mon attachement à « ma pauvre maison / Qui m'est une province, et beaucoup davantage ».

Barcelone, Paris. Partir, revenir. Se reconstruire. Retrouver la force et l'envie. Renouer les liens. Aimer la France, et oser l'écrire.

CHAPITRE 1

Devenir français

Je ne suis pas né français, je le suis devenu. Les hasards du calendrier… Il aurait suffi que je sois conçu un peu plus tôt ou un peu plus tard pour que ma mère n'accouche pas à Barcelone, le 13 août 1962, au cœur des vacances d'été. À quelques jours près, j'aurais pu voir le jour à Paris, où mes parents vivent alors toute l'année, de septembre à juin. Mon père, le peintre espagnol Xavier Valls – un nom catalan, très répandu, qui se traduit par « ceux qui vivent dans la vallée » –, s'est installé en France en 1949 grâce à une bourse de l'Institut français de Barcelone. À l'époque, de nombreux artistes, brisés par la guerre civile, souvent persécutés par Franco ou étouffant sous la chape de plomb de la dictature nationale-catholique, quittaient l'Espagne ; pour en aider le plus possible, le directeur de l'Institut français avait pris l'habitude de diviser le montant d'une seule bourse afin d'en attribuer un plus grand nombre. En 1958, après leur mariage, ma mère Luisa rejoint mon père depuis sa Suisse italienne. En décembre 1963, un peu plus d'un an après ma naissance, la famille accueille ma sœur, qui, elle, naît en France, puisque nous ne sommes pas en été. À moi le prénom espagnol, à elle l'italien. Giovanna jouira du droit du sol, à défaut du droit du sang : ni mon père ni ma mère n'ont la nationalité française ; ils ont un titre de séjour qu'il faut renouveler régulièrement, ce qui occasionne des moments de grande inquiétude. Mais ils n'ont jamais demandé leur naturalisation, malgré une immense reconnaissance à l'égard du pays qui les a accueillis. Mon père a adoré Paris, la lumière sur Notre-Dame depuis la fenêtre de notre appartement du Marais, qui était aussi son atelier ; il a adoré la France sans jamais cesser de se sentir profondément espagnol. Il a d'ailleurs gardé, toute sa vie, un accent très fort. Au contraire d'Antoni Tàpies, qui est retourné vivre à Barcelone après de longues années à Paris, mon père est resté. Sans pour autant s'enfermer dans un cercle qu'il aurait restreint à la communauté espagnole, au contraire : à la maison, on croisait aussi bien Vladimir Jankélévitch que Simone Signoret. Il était un citoyen du monde, curieux de tout, ouvert à tous, et n'avait nul besoin d'un ancrage territorial.

Jusqu'à seize ans, je ne me pose pas la question de ma nationalité. Je suis français, c'est une évidence. Même si, chez moi, nous parlons catalan, tout mon univers est français, mes copains du quartier, l'école puis le lycée Charlemagne, le stade où je joue au foot sous l'imposante enceinte de Philippe-Auguste, l'épicerie Israël aux mille senteurs de la rue François-Miron. D'ailleurs je connais mieux la France que la plupart de mes copains, grâce à mes parents : chaque année, début juin, ils organisent un périple entre Paris et Barcelone pour nous faire découvrir ce pays magnifique. Ma mère, qui a passé son permis pendant les manifestations de Mai 68, conduit la Citroën 2 CV – plus tard, quand mon père gagnera mieux sa vie, ce sera une Renault 4, puis une Simca. On met les valises dans le coffre et on prend la route, direction l'Auvergne, ou l'Aquitaine, ou la Provence. On visite les villages – Saint-Émilion sous la canicule de 1976 –, on s'arrête pour pique-niquer dans un champ voisin, on s'émerveille devant le Facteur Cheval à Hauterives, le soir on dort à l'hôtel de la Poste ou à celui du Commerce... Ça dure trois jours, jusqu'à l'Espagne. À la fin de l'été, nous chargeons la voiture de fûts d'huile d'olive et nous remontons directement jusqu'à Paris, rentrée des classes oblige. À l'adolescence, quand il devient plus compliqué de partir avant la fin de l'année scolaire, ma sœur et mes parents quittent Paris les premiers ; j'attrape le train de nuit, le Talgo, pour les rejoindre à Barcelone.

Le jour de mes seize ans, en 1978, je dois demander une carte de séjour. Là, je le comprends brutalement : je ne suis pas français. On me convoquc au commissariat du IVe arrondissement, où je remplis un questionnaire de police. Certaines questions portent sur les mœurs de mes parents... Pour le jeune homme que je suis, fier de sa double culture, bilingue, attaché à Barcelone autant qu'à Paris, la procédure est franchement pénible, et ne relève en rien du rite initiatique. Quelques semaines plus tard, je patiente à la préfecture de police pour récupérer mon titre de séjour au milieu de réfugiés vietnamiens et cambodgiens, ces boat-people qui fuient par milliers les dictatures communistes et la guerre. L'accueil de l'administration française n'est pas des plus chaleureux, c'est peu de le dire. Ma sœur, à dix-huit ans, choisira la nationalité française. Au même âge, en 1980, je suis attendu en Espagne pour y remplir mes obligations militaires. Il n'est pas question que je rejoigne cette armée encore néo-franquiste. J'ai la chance de profiter d'une dispense de retour réservée aux Espagnols qui poursuivent des études universitaires dans un pays étranger. À la même époque, j'écris au parti socialiste pour demander mon adhésion. Je viens d'avoir mon bac, et je veux militer, m'engager dans la campagne présidentielle qui s'annonce. Bertrand Delanoë, l'un des dirigeants de la fédération de Paris, me répond que l'accueil des étrangers est une tradition au parti socialiste ; il me cite l'exemple des républicains espagnols et celui des Chiliens qui fuient la répression de Pinochet. Je m'inscris au PS dans la foulée, un pas important dans le processus vers ma naturalisation. La question d'un retour en Espagne cesse complètement de se poser.

Un an après mon adhésion, je suis membre de l'équipe nationale du Mouvement des jeunes socialistes, le MJS, que j'ai rejoint avec deux copains de la fac, Stéphane Fouks et Alain Bauer. Tous les trois, nous sommes déjà actifs chez les rocardiens et dans le syndicalisme étudiant, même si je suis le seul que le virus de la politique a touché : Stéphane aspire à une grande carrière dans la communication, Alain se voit chef du Grand Orient de France. Bauer, Fouks, Valls, le trio infernal ; ce sont mes plus vieux amis. À l'automne 2020, nous avons fêté tous les trois les quarante ans de notre rencontre ; nous avons trinqué à nos rêves réalisés... En 1981, je me jette à corps perdu dans la campagne pour faire élire François Mitterrand. Comble de la frustration, je ne peux pas voter le 10 mai. Pour être inscrit sur les listes électorales, il faut être français ; j'engage donc le processus dès l'été 1981. Que c'est long ! Des papiers à n'en plus finir, des expertises médicales, une radio des poumons pour vérifier que je ne suis pas tuberculeux... Plus le temps passe, plus je trépigne d'impatience. Mon père et ma mère ne s'en formalisent pas ; pour eux, la nationalité n'a pas beaucoup d'importance. Leurs amis viennent des quatre coins du monde. Enfin, je reçois l'extrait du *Journal officiel*. Ce papier qui fait de moi un Français me rattache à tout jamais à Nantes, où se trouve le service central d'état civil du ministère des Affaires étrangères. Chaque fois que j'ai besoin d'un document administratif, aujourd'hui encore, je dois le demander à Nantes. Il m'a manqué un acte officiel, quelque chose de solennel. J'instaurerai à Évry une cérémonie annuelle pour les nouveaux naturalisés, mes nouveaux compatriotes, pour marquer le coup. Mais revenons à 1982. Vingt ans, étudiant, je vis chez mes parents, dans notre appartement du Marais. Le quartier est en train de changer ; dans les années 1970, il n'a rien à voir avec ce qu'il est devenu. Notre immeuble, quai de l'Hôtel-de-Ville, est un endroit vétuste, une cage d'escalier sombre, sale. Pourtant, notre appartement au cinquième étage est un miracle, une bulle de clarté, une sorte de paradis qui rayonne dans un environnement lugubre. Tous les soirs, des amis de mes parents sont invités à dîner, pas de ministres, pas d'industriels, mais une vie intellectuelle riche, intense. Je ne dirai jamais assez à quel point j'ai aimé mon enfance.

Mon activité militante me prend beaucoup de temps. À Tolbiac d'abord, puis très vite dans mon arrondissement. Arrivent les élections municipales de 1983. Je ne peux pas être candidat, il faut être français depuis au moins dix ans, mais pour la première fois, je peux voter. Bien sûr, il y a les études, les copains, une grande liberté sexuelle, ma rencontre avec Nathalie. Mais je sais déjà que je veux consacrer ma vie à la politique, à laquelle je voue une véritable passion. Je deviens l'assistant parlementaire de Robert Chapuis, député socialiste de l'Ardèche, proche de Michel Rocard, en même temps que je prends des responsabilités dans l'appareil rocardien. En 1984, je participe à la campagne européenne du PS, conduite par le premier secrétaire Lionel Jospin. En 1985, les socialistes abolissent l'incapacité électorale de dix ans qui pesait sur les personnes naturalisées ; de son côté, l'Assemblée nationale adopte la réforme du mode de scrutin, instaure la proportionnelle aux législatives et aux régionales et le suffrage universel direct pour l'élection des conseillers régionaux. Bref, en 1986, plus rien ne m'empêche d'être candidat. Je suis 16e sur la liste parisienne du PS, qui obtient 15 élus : logiquement, je ne suis pas conseiller régional d'Île-de-France. Mais pour empêcher l'une des filles Le Pen, Marie-Caroline, de devenir secrétaire de séance en tant que benjamine de l'assemblée, Lionel

Jospin, qui conduisait la liste, abandonne son fauteuil ; il m'est automatiquement attribué. À moi, plus jeune que Marie-Caroline Le Pen, donc nouveau benjamin de l'assemblée, donc secrétaire de séance... La première à laquelle j'assiste est présidée par Maurice Couve de Murville, dernier Premier ministre du général de Gaulle. J'ai vingt-trois ans, et le sentiment exaltant de vivre en grand. D'autant que, au titre de plus jeune conseiller régional de France, j'ai droit à mon portrait dans la presse, le premier ; me voilà dans *La Croix*, sous la plume du journaliste François Bazin.

Avec le recul, je peux dire que la politique, dont j'ai fait un métier, a tracé le fil directeur de ma trajectoire de Français. Plus que mon mariage avec Nathalie en 1987 ; plus que mes études d'histoire à la Sorbonne ; plus que mes quelques mois de service militaire ; plus que mon attachement à la République, à la laïcité ; plus que mon engagement pour la banlieue. Bien sûr, j'ai été français par la langue, par les amis, par les premières amoureuses. Mais le bonheur que j'ai eu à militer, puis à être élu, puis à prendre des responsabilités de plus en plus importantes, a scellé mon attachement à ce pays, auquel je me sens si viscéralement lié. Évidemment, je ne prétends pas à la même charge symbolique que Manouchian sur l'Affiche rouge. Mais à ma manière, je suis un pur produit de l'intégration républicaine, et un défenseur acharné des valeurs qui m'ont été inculquées. Français, forcément français – je le dis avec le sentiment profond d'appartenir à une communauté nationale. Je l'écris avec une immense fierté.

CHAPITRE 2

La chapelle de Marcillac

La chapelle de Marcillac, c'est à la fois mon père, pour lequel j'ai une immense admiration, et Edmond Michelet, un homme politique qui incarne, à mes yeux, ce qu'il y a de plus beau dans l'engagement, le meilleur de ce que l'amour de la France peut inspirer. Marcillac, c'est un double lieu de mémoire, dans ma géographie personnelle et sur notre territoire national.

Commençons par mon père, Xavier Valls, arrivé en France après la guerre. Les premières années, à défaut de pouvoir vivre seulement de sa peinture, il apprend l'art du vitrail chez Maître Barillet, commence à restaurer ces panneaux fragiles et colorés dont les bombardements n'ont laissé que des bris. À Paris il reconstitue les vitraux de la Sainte-Chapelle, à Chartres ceux de la cathédrale – des lieux que nous visiterons en famille avec une très grande fierté. Très vite, c'est un artiste reconnu. En 1961, Edmond Michelet et son épouse Marie font appel à lui pour dessiner les trois vitraux de la chapelle qu'ils viennent d'édifier à Marcillac. Dans ce petit village de

Corrèze, longtemps, la maison familiale des Michelet a fait office de lieu de culte, jusqu'à ce que l'endroit devienne trop exigu pour accueillir les villageois qui s'y pressent en nombre. En 1958, Marcillac inaugure Notre-Dame de la Paix. En 1962, les vitraux sont posés. « Je tiens à vous dire tout de suite que vous avez su créer une ambiance de prière et de recueillement dans notre petite chapelle, écrit Marie Michelet à mon père. Il faudra venir le constater vous-même. Je voulais tout de suite vous remercier et vous féliciter même, sans attendre le rayon de soleil qui les rendra plus lumineux – avec la pluie ils sont déjà si beaux… » Dans cette lettre, Marie Michelet indique avoir procédé à « un virement postal de 500 NF ». Une somme, au début des années 1960. Mais mon père, catholique pratiquant sans être bigot, homme de culture ouvert sur le monde, a d'abord été séduit par la personnalité d'Edmond Michelet, qui commence militant de l'Action française, avant de défendre un catholicisme social très inspiré des écrits de Charles Péguy ; résistant dès le 17 juin 1940, il est arrêté en 1943, déporté à Dachau. À la Libération, il s'occupe du retour des Français et des Espagnols survivants des camps de concentration, plus tard il est appelé au gouvernement par le général de Gaulle ; pendant la guerre d'Algérie, ministre de la Justice, il est partisan de négociations avec le FLN, et s'oppose à la répression sanglante organisée par le préfet de police Maurice Papon contre les Algériens à Paris.

En 1955, avant de rencontrer mes parents, Michelet a publié *Rue de la Liberté*, le récit de son expérience concentrationnaire. Un livre magnifique, qui paraît alors que très peu de rescapés prennent la parole pour témoigner. Mes parents connaissent des déportés. Ils sont liés avec Geneviève de Gaulle-Anthonioz, la nièce du Général, qui a passé deux années à Ravensbrück. Simplement, à cette époque, elle n'en parle pas. Elle mettra plus de cinquante ans pour raconter : son livre, *La Traversée de la nuit*, sera publié en janvier 1998. C'est elle qui me fait découvrir *L'Espoir*, d'André Malraux. En mai 2015, par l'un de ces raccourcis dont l'Histoire a le secret, j'aurai, moi qui l'ai connue et admirée, l'émotion d'être parmi ceux qui accueilleront au Panthéon cette femme d'exception. Elle y entrera avec son amie Germaine Tillion, déportée elle aussi, figure de la Résistance, et avec Jean Zay et Pierre Brossolette. Plus tard, les y rejoindra une autre de mes héroïnes, l'immense Simone Veil.

Pendant mon adolescence, nous nous arrêtons souvent, lorsque nous descendons à Barcelone, chez un ami de mon père, à Tarbes. Il me parle de Mauthausen, où beaucoup de républicains espagnols, comme lui, ont été déportés pendant la guerre. Ses récits me fascinent mais la machine de mort nazie m'intéresse alors moins que ma propre histoire, celle de mon père, celle des centaines de milliers d'Espagnols qui ont fui la guerre civile. On est au milieu des années 1970 ; je viens d'apprendre la manière dont la France a accueilli ces réfugiés qui tentaient d'échapper à la répression franquiste après la chute de la Catalogne républicaine : en les parquant dans des camps à la frontière avec les Pyrénées. Des familles entières ont vécu là-bas dans des conditions terrifiantes de misère, de crasse, de froid, de famine, d'humiliation. Je suis abasourdi, révolté.

Soyons juste : de 1936 à 1938, des Français comme Victor Basch, le président de la Ligue des droits de l'Homme, ont eu un comportement exemplaire à l'égard des réfugiés. Mais rien n'effacera la faute originelle du gouvernement du Front populaire, la « non-intervention » théorisée par Léon Blum dans son discours du 6 septembre 1936 – en réalité, le renoncement pur et simple, sous la pression de ses partenaires radicaux et des alliés britanniques, à soutenir militairement la jeune République espagnole, qui appelle à l'aide après l'insurrection franquiste. Les efforts du ministre de l'Air, Pierre Cot, et de son jeune chef de cabinet, Jean Moulin, pour apporter aux républicains l'aide dont ils ont besoin, n'y changeront rien. La France fera pire : en 1939, au moment de la Retirada, le retrait de l'armée républicaine défaite par les troupes de Franco et l'exode massif des civils qui fuient la répression – plus de 450 000 personnes –, le gouvernement d'Édouard Daladier cède à la pression xénophobe qui monte dans le pays et ouvre un certain nombre de « camps de concentration », puisque c'est ainsi que l'administration les appelle officiellement. Y seront internés ceux que Daladier nomme les « indésirables étrangers », tous promis à l'expulsion. Argelès-sur-Mer, Collioure, Le Barcarès, Gurs, Rivesaltes… Des noms de sinistre mémoire.

En octobre 2015, j'inaugure le mémorial de Rivesaltes, près de Perpignan. Un lieu qui raconte les tragédies d'un siècle, où les vestiges de baraquements éventrés disent encore la détresse d'environ 60 000 « indésirables étrangers » : les républicains espagnols jetés sur les routes de l'exil par la répression franquiste en 1939, les Juifs et les Tsiganes parqués par Pétain avant d'être déportés vers Auschwitz via Drancy en 1942, les harkis abandonnés par la France en 1962. Victimes d'une guerre civile, puis d'une guerre mondiale, puis d'une guerre coloniale, des hommes, des femmes, des enfants ont éprouvé, à Rivesaltes, le mépris de l'humanité, sa sauvagerie. Beaucoup en sont morts, dans un dénuement absolu. Ces camps de la honte, je les découvre à l'adolescence à travers les romans de Michel del Castillo, cet écrivain français d'origine espagnole qui a connu l'enfer de Rieucros. Il y a été enfermé avec sa mère, républicaine espagnole, alors qu'il était enfant, avant la déportation vers l'Allemagne. Il le raconte dans *Tanguy*, son premier livre, un témoignage très fort. Del Castillo a une place importante dans mon panthéon littéraire. Plus tard, je découvre aussi le rôle de la Nueve, la 9e compagnie rattachée à la fameuse 2e division blindée du général Leclerc, au sein de laquelle presque tous les soldats étaient des républicains espagnols ; ils ont été les premiers à entrer dans Paris, le soir du 24 août 1944. Bertrand Delanoë et, bien sûr, Anne Hidalgo, une autre Franco-Espagnole, leur rendront l'hommage mérité. En juin 2014, soixante-dix ans après le massacre d'Oradour-sur-Glane, au cours d'une cérémonie particulièrement émouvante, j'apprends encore que parmi les victimes, dix-neuf venaient d'Espagne, républicains réfugiés en Haute-Vienne.

Longtemps hanté par le calvaire des réfugiés espagnols, j'ai pris conscience de la particularité du génocide du peuple juif en lisant *Si c'est un homme* de Primo Levi, *Le Grand Voyage* de Jorge Semprún, *La Nuit* d'Elie Wiesel. Depuis, les textes de Vladimir Jankélévitch réunis dans *L'Imprescriptible* demeurent une boussole personnelle : « Le pardon est mort dans les camps de la mort. » En 1985, *Shoah*, de Claude Lanzmann, une œuvre universelle, magistrale, bouleverse à jamais le regard que le monde porte sur la destruction des Juifs d'Europe. Claude, formidable cinéaste, m'était cher. Mes rencontres, mes amitiés, mes amours aussi, expliquent mon engagement absolu contre l'antisémitisme. J'ai parcouru, la gorge nouée, Auschwitz et Birkenau avec mon ami Raphaël Esrail, résistant et déporté. Son témoignage, *L'Espérance d'un baiser*, paru chez Robert Laffont en 2017, est poignant mais c'est aussi une belle histoire d'amour et un message d'espoir. Préserver la mémoire est, à mes yeux, une obligation morale impérieuse. En son nom, j'exprime, en 1994, mon indignation lorsque le journaliste Pierre Péan révèle les liens qui unissent François Mitterrand à René Bousquet, secrétaire général de la police de Vichy, complice actif de la déportation des Juifs de France. Nous ne sommes pas nombreux, au sein du PS, à oser dire notre colère et notre incompréhension. J'ai toujours la lettre que Serge Klarsfeld m'a adressée pour me remercier. Je saluerai plus tard le courage de Jacques Chirac qui, le 16 juillet 1995, jour anniversaire de la rafle du Vél' d'Hiv', reconnaît pour la première fois la responsabilité de l'État dans la déportation des Juifs de France : « Oui, la folie criminelle de l'occupant a été secondée par les Français, par l'État français », affirme ce jour-là le président de la République. « Reconnaître les fautes du passé et les fautes commises par l'État. Ne rien occulter des heures sombres de notre Histoire, c'est tout simplement défendre une idée de l'Homme, de sa liberté et de sa dignité. C'est lutter contre les forces obscures, sans cesse à l'œuvre », souligne-t-il encore dans le discours qu'il prononce au square de la Place-des-Martyrs-Juifs-du-Vélodrome-d'Hiver. Pendant deux septennats, François Mitterrand, un homme de gauche, a persisté à nier la responsabilité de la nation. À peine quelques semaines après son accession à la présidence de la République, Jacques Chirac, un homme de droite, en a sauvé l'honneur. Je lui voue pour cela une reconnaissance qui va bien au-delà des frontières partisanes.

Cette République des Lumières, courageuse et bienveillante, Edmond Michelet l'a défendue à corps perdu. Résistant, déporté, homme de lettres et de culture, il fut tout cela à la fois. Je n'ai pas mesuré tout de suite à quel point sa personnalité pouvait être inspirante pour le jeune homme que j'étais. Longtemps, j'ai juste associé ce nom à la chapelle de Marcillac et à ses vitraux, sur lesquels j'étais si heureux de voir la signature de mon père. Marcillac, simple arrêt sur la route de Barcelone. Mon père dépliait les cartes Michelin, ma mère conduisait la voiture. Le repas était dans le coffre, on choisissait un champ et on étendait la couverture pour déjeuner en s'éloignant un peu de la route. On s'arrêtait visiter une église, un cloître – on attendait que mon père finisse ses croquis, et on repartait. Ma France c'est aussi celle-là, une France de villages accrochés à leurs clochers, de petits hôtels de campagne et de nappes à carreaux dans les bistrots qui bordaient les nationales. Le Sud en été, la Bretagne en hiver : Cancale, Roscoff, Ouessant, les grandes marées… La puissance de l'Atlantique m'enivre toujours autant, je l'associe à une période de ma vie dont j'ai un grand bonheur à me souvenir.

Après avoir pris conscience de ce qu'incarnait Edmond Michelet, je n'ai plus cessé d'y penser. Son humanité, la force de ses convictions, le courage de ses engagements, son gaullisme, tout me parle, encore aujourd'hui. Comment ne pas être fier, et heureux, d'appartenir à une communauté nationale forte d'un aussi beau modèle ?

CHAPITRE 3

Le discours d'investiture

Premier ministre de la France. Le 31 mars 2014 je suis nommé Premier ministre de la France, moi, Manuel Valls, fils d'un Espagnol et d'une institutrice suisse-italienne, naturalisé à vingt ans en 1982. Je n'ai pas fait l'ENA. Je ne viens pas d'un milieu qui connaissait les « codes », l'élite de la bourgeoisie parisienne, la crème des hauts fonctionnaires. Mon père est artiste peintre, ma mère a cessé de travailler pour s'occuper de ma sœur et moi, je n'ai pas été élevé pour être le premier, le meilleur, le chef. Matignon n'est pas un rêve d'enfant ; le pouvoir n'est pas l'aboutissement d'un désir parental puissant. Mes parents m'ont soutenu parce que j'aimais la politique, parce que c'était ma voie – j'en aurais choisi une autre, ils m'auraient donné raison avec la même conviction.

Mon engagement à gauche date du tout début des années 1980. Quand François Hollande me nomme, je fais donc de la politique depuis plus de trente ans. J'ai prononcé beaucoup de discours, certains plus importants que d'autres, certains plus émouvants que d'autres, certains dont je suis plus fier que d'autres. Mais celui qui m'amène devant l'Assemblée nationale le 8 avril 2014, comme chef du gouvernement, est l'un des plus marquants de ma vie publique. Je ne suis plus seulement un élu de la République, je suis celui que le président vient de choisir pour mettre en œuvre sa politique. Je ne suis plus seulement français, je suis le deuxième personnage de l'État. C'est plus qu'une marche supplémentaire – c'est un changement d'étage.

De manière paradoxale, ma nomination à l'Intérieur, en mai 2012, a été bien plus angoissante que le passage à Matignon, deux ans plus tard. Lorsque François Hollande me propose la place Beauvau, je n'ai jamais été ministre. Au moment de la passation de pouvoir avec Claude Guéant, j'ai un instant d'hésitation, une seconde de doute sur ma capacité à réussir. Et si j'échouais ? Évidemment je me suis préparé pendant la campagne, c'est le fauteuil que je voulais occuper. J'ai travaillé, je maîtrise mes dossiers, j'ai la compétence et, je le sais, l'autorité. Malgré tout, quand je passe la grille du ministère pour la première fois, je traverse la cour la gorge serrée. Je sens une barre de fer derrière ma nuque, la peur de l'échec, l'appréhension de ne pas être assez bon. Je me souviens de ce gamin qui avait écrit « peintre » à côté de « profession du père » sur la fiche de renseignements scolaire, et à qui la maîtresse a dit : « Manuel, il ne faut pas avoir honte d'écrire peintre en bâtiment… »

Je suis beaucoup moins inquiet en mars 2014, quand Hollande me choisit pour Matignon. Je dis bien « me choisit », et non pas « me propose ». L'histoire est amusante : François ne m'a jamais formellement demandé de succéder à Jean-Marc Ayrault rue de Varenne. Jamais. J'ai procédé avec une grande subtilité – par déduction. Dans son bureau de l'Élysée, nous avons discuté tous les deux, dès décembre 2013, de la composition d'un nouveau gouvernement ; nous avons évoqué la poursuite des réformes engagées ; nous avons échangé sur les champs de compétences des prochains ministres ; nous avons partagé des noms, dont celui de Bernard Cazeneuve pour l'Intérieur ; bref, nous avons conversé comme un futur Premier ministre et un président, d'accord sur l'essentiel. Fort de tous ces indices, multiples et concordants, j'ai supposé qu'il était judicieux de me préparer... D'autant que Laurent Fabius et Jean-Yves Le Drian faisaient ouvertement campagne pour que je devienne Premier ministre. Mais comme Hollande ne m'a rien proposé, d'une certaine manière je n'ai rien accepté. Un jour, au lendemain des élections municipales, la logique politique s'est imposée et ma nomination a été annoncée, sans qu'aucun accord ait été formellement scellé entre Hollande et moi. C'est aussi simple que cela.

Contrairement à Beauvau, je connais Matignon : j'y ai travaillé comme collaborateur de Michel Rocard, entre 1988 et 1991, et j'y suis revenu comme conseiller de Lionel Jospin entre 1997 et 2001. Les lieux me sont familiers. Je me sens donc plus léger que deux ans auparavant, moins angoissé. J'ai composé un cabinet solide ; pour le diriger, j'ai nommé Véronique Bédague – je suis le premier chef de gouvernement à avoir confié ce poste à une femme. J'ai conscience du poids de la fonction mais j'arrive d'un ministère où tout s'est bien passé ; j'ai une très bonne cote de popularité dans l'opinion, je suis l'un des rares ministres à avoir été sollicités pour participer à des meetings pendant la campagne municipale de mars 2014. Dans mon couloir, je suis décidément très heureux – juste un peu aveugle sur ce qui se passe à côté... Du coup le ciel me tombe sur la tête très vite après ma prise de fonctions. Je me rends compte du décalage entre ce que je vivais à l'Intérieur et la réalité du paysage, le fossé qui s'est creusé avec les Français, la dégradation des relations avec les élus de la majorité, dont je suis désormais le chef, l'ampleur du mouvement des frondeurs. Soyons clair : je ne découvre pas les frondeurs. Au sein du PS, ils s'opposent depuis longtemps à notre ligne politique. La plupart des députés contestataires sont d'ailleurs des proches de Martine Aubry ou de la gauche du parti ; elle les a désignés pour être candidats aux élections législatives quand elle était première secrétaire, avant sa défaite à la primaire de 2011, et François Hollande n'a pas voulu remettre en cause les choix de celle qu'il venait de battre. Trois ans plus tard, ces élus sont en première ligne sur le front du refus. Nous payons chèrement la mansuétude – pour ne pas dire la faiblesse – de François, qui se désintéresse totalement du parti qu'il a pourtant dirigé pendant dix ans. Il aurait dû – nous aurions dû – aller au clash, provoquer la rupture, les exclure du PS, assumer nos choix politiques, économiques et européens. Les chiffres de la croissance sont aussi une source d'inquiétude, les relations sont compliquées avec la Commission européenne présidée par José Manuel Barroso, la défiance de nos électeurs est avérée – même Limoges, sur les terres limousines de François Hollande, une ville acquise à la gauche depuis la guerre, est passée à droite.

Le jour de mon discours d'investiture, le 8 avril, une semaine après ma nomination, je suis définitivement descendu de mon nuage : je sais que ça va être dur, très dur. Nos électeurs nous demandent une autre politique, or ma nomination induit juste un changement de style, pas un changement de fond. Mon rôle est d'aider le président à sortir de l'ornière, après deux années au cours desquelles la chute n'a pas été enrayée. Hollande compte toujours sur une baisse du chômage ; il se montre encore d'un incroyable optimisme sur la capacité du verbe à restaurer la confiance. Ma première préoccupation, c'est donc la situation économique et une croissance atone ; la deuxième c'est d'apaiser les tensions avec la majorité, et la troisième c'est de réussir mon discours. Henri Emmanuelli, une voix respectée chez les socialistes, a déjà annoncé qu'il ne voterait pas le soutien au gouvernement. Avant même de redonner confiance aux Français, je dois me battre pour rassurer mon propre camp. Je suis conscient de l'enjeu. Et contrairement à une idée qui circule déjà dans la presse, je suis d'une loyauté totale à l'égard du président : non, je n'ai pas passé d'accord avec tel ou tel qui considère, comme je l'ai déjà entendu, qu'il faut « mettre Pépère sur l'étagère » pour l'empêcher d'être candidat en 2017. Non, je n'ai aucun pacte avec Montebourg, pour ne pas le nommer. Arnaud et moi, c'est une détestation partagée, un mépris réciproque. Nous deux, complices ? Ridicule. J'applique la politique décidée par le président, même si, marqué par la cohabitation que j'ai vécue aux côtés de Lionel Jospin, je suis décidé à ce qu'on respecte mes prérogatives de chef de gouvernement. Je le dis haut et fort à la table du premier Conseil des ministres ; je ne m'en cache absolument pas : « Le gouvernement détermine et conduit la politique de la nation », dit la Constitution.

Dans ce contexte, je veux marquer les esprits, convaincre que je suis l'homme de la situation. L'hémicycle ressemble à un théâtre : je vais être jugé non seulement sur le fond, mais aussi sur la forme. Je dois être convaincant, précis, concret, incisif, bref, surprenant, visionnaire, je dois donner une direction et l'envie de me suivre. Mon prédécesseur a raté l'exercice, interminable, mortel d'ennui. Je veux, moi, que mon propos reste dans les annales. Et l'homme qui monte à la tribune, cet après-midi du 8 avril, ce n'est pas seulement le Premier ministre : c'est le Français naturalisé, le fils d'Espagnol, mais aussi l'élu d'Évry, une grande ville de banlieue, qui connaît les duretés de ces territoires et ce qu'ils ont de meilleur. Je ne tremble pas. Je suis ému et concentré, déterminé à ne pas me laisser déstabiliser par le bruit incessant qui monte des bancs de l'opposition, et je prononce un discours sévère sur l'état de la France. Je pense que ma lucidité en surprend plus d'un. J'évoque l'échec du quinquennat de Nicolas Sarkozy, la déception des deux premières années de celui de François Hollande ; la politique est devenue une langue morte, mais mon volontarisme n'est pas vide de sens, je l'affirme devant la représentation nationale. Je m'engage à tous les efforts pour réduire les déficits et la dette. J'annonce une baisse de la fiscalité pour les entreprises et les ménages. Je propose une nouvelle réforme territoriale avec la création de grandes régions. Je veux donner la priorité à l'école, je le répète haut et fort. De toutes mes forces, j'aspire à faire vivre la République. Je vais réussir, j'en suis persuadé. Quand il s'agit de soi-même, on pense toujours qu'on peut gagner là où les autres ont échoué, et heureusement – comment aller de l'avant en partant perdant ?

La campagne pour les élections européennes, en mai, douchera mon enthousiasme. Le PS a disparu de certains départements, la base même du parti est en miettes. Tout sera lugubre, les salles, les discours, les militants. À Lille, dans le Nord-Pas-de-Calais, le cœur battant du socialisme, il n'y aura pas trois cents personnes dans la salle. Des rideaux seront tirés à la hâte pour dissimuler l'ampleur de la désaffection, l'apéritif traditionnel se résumera à deux bouteilles de jus d'orange et trois paquets de cacahouètes dans une ambiance à l'avenant. À Lyon, Vincent Peillon, tête de liste dans la région Sud-Est que je suis venu soutenir, quittera la tribune pendant que je parle pour attraper le dernier train. Le candidat qui part avant la fin, quel augure… Je n'ai qu'un bon souvenir : le meeting de Barcelone, fin mai 2014, avec Felipe González et Martin Schulz, où je dénoncerai devant un public enthousiaste l'échec de la droite européenne en trois langues, le français, l'espagnol et le catalan. Même les indépendantistes m'applaudiront : « Enfin un Premier ministre catalan… en France ! »

Nous sommes le 8 avril 2014. Je ne le sais pas encore, mais les prévisions économiques vont s'aggraver, dès l'été. Je ne le sais pas encore, mais je vais chuter dans les sondages en même temps que le président ; nous devrons serrer les vis. Je ne le sais pas encore, mais… fin août, la crise économique va se doubler d'une crise politique, avec le départ d'Arnaud Montebourg, Benoît Hamon et Aurélie Filippetti. Je vais revenir devant l'Assemblée nationale pour un nouveau discours de politique générale, le deuxième en moins de six mois. À l'intérieur du gouvernement, la situation va se tendre avec le nouveau ministre de l'Économie, Emmanuel Macron, dont je tarde à percevoir la duplicité. Dire que j'ai insisté pour qu'il soit nommé. Que j'ai quasiment tordu le bras à François Hollande pour qu'il accepte en septembre ce qu'il avait refusé en avril. Le président avait alors biffé le nom de Macron. Emmanuel s'est joué de notre naïveté, de notre crédulité, de nos faiblesses, de nos erreurs, de l'effondrement du PS ; il a profité de l'aspiration profonde des Français au renouvellement. Il a joué de main de maître la carte du « dégagisme »... contre son camp. Nous avons vu un type plein de charme, enthousiaste, hors norme, qui bousculait la doxa de la gauche sur les 35 heures et le marché du travail ; nous lui avons fait confiance, totalement confiance, pour rendre notre économie plus compétitive et pour mener à bien les réformes nécessaires. Je le reçois tous les vendredis, avec plaisir car j'aime son intelligence. Il vient me voir sans cravate, c'est le « casual friday ». Je vais comprendre fin 2015 qu'il ne songe qu'à l'élection présidentielle. La seule chose qui le préoccupe, c'est sa candidature, et les conditions qui la rendront possible ; il roule pour lui, point final. Dans l'entourage du président, quelques-uns l'encouragent. Cet individualisme m'est vite insupportable, je vais avoir beaucoup de mal à cacher mon exaspération. Erreur. Personne ne saisit son double jeu, l'opinion pense au poison de la jalousie. Les Français me regardent comme un homme du passé plein d'aigreur, accroché au pouvoir, incapable d'apprécier la fraîcheur de la nouveauté. Ça aussi, je vais le payer.

Le 8 avril 2014, je ne le sais pas encore, mais en octobre je donnerai une longue interview au *Nouvel Obs* où je dirai ma conviction que le PS doit tout changer, y compris son nom : le socialisme, né au XIXe siècle, n'a plus aucun sens. Je vais m'attirer, et pour longtemps, les foudres des caciques de mon camp. Quant à mes relations avec Hollande, comme le reste, elles vont connaître une détérioration passagère ; le jour où il me remettra, comme c'est la tradition, les insignes de grand-croix de l'ordre national du Mérite, le chef de l'État, devant ma famille, parsèmera son compliment de commentaires peu amènes, voire franchement désagréables, et tournera en dérision mon admiration pour Clemenceau, rappelant que « le Tigre », dirigeant controversé, n'est jamais parvenu jusqu'à la présidence de la République. Je me mordrai la langue pour ne pas lui rappeler que Paul Deschanel, qui a empêché Clemenceau d'entrer à l'Élysée, a fini dépressif et angoissé, dégagé du Palais après avoir chuté d'un train en pyjama. Les attentats de 2015 effaceront tout. Nous aurons, François et moi, de nouveaux moments d'une très grande proximité.

Tout ça, je ne le sais pas le 8 avril 2014. Je ne peux pas l'imaginer, encore moins l'anticiper. Je suis heureux, énergique, assuré, la situation est compliquée mais je me sens capable de déplacer des montagnes. J'ai confiance en mon destin. C'est le début de la fin, et je ne vois rien venir.

CHAPITRE 4

Depardieu

Sacré Gégé ! Quand je pense à lui, ce sont les premiers mots qui me viennent à l'esprit. Il est le visage de la France, il est la langue de la France, il est l'esprit de la France. Depardieu, ses excès, sa gouaille, sa démesure, ses rôles, tout en lui sonne français. Il incarne ce pays jusqu'à la caricature, avec la mauvaise foi, l'arrogance du coq gaulois et des coups de gueule dantesques. Il m'a fait rire, pleurer, il m'a exaspéré, ému, bouleversé, agacé, troublé, enthousiasmé – Depardieu n'est pas homme à laisser indifférent.

Chaque fois qu'il commence à lire sa lettre à Roxane, Cyrano colosse au cœur tendre dans le film de Jean-Paul Rappeneau, j'ai les larmes aux yeux. Il ne joue pas le personnage d'Edmond Rostand, il *est* le personnage d'Edmond Rostand ; il est ce cadet de Gascogne, plein de force et d'esprit, encombré par un trop grand nez, amoureux transi d'une femme qui l'ignore. Dans le livre qu'il a publié en octobre 2020, *Ailleurs*, Depardieu écrit : « L'identité française, je m'en fous. (…) Ma seule identité, c'est d'être vivant, et non pas vivant français ! » Pourtant, il faut l'être, français, pour donner tant de chair à Cyrano, héros emblématique de notre littérature romantique. La subtilité de la langue, le courage, la témérité, la mélancolie, la droiture, la fraternité, la liberté, le panache... Certes, j'aime le texte de Rostand, caractéristique de son époque sans y être réduit : un homme aime une femme qui en aime un autre, le drame est universel. Mais l'image, dans mon esprit, a pris le pas sur les mots – aujourd'hui, quand quelqu'un me parle de Cyrano de Bergerac, je pense à Depardieu. Il me semble que personne n'a su traduire avec tant de justesse les tourments intimes de ce combattant fort en gueule désarmé par l'amour.

Il a été Danton avec passion dans le film d'Andrzej Wajda. Il a été un Obélix plus vrai que nature dans *Mission Cléopâtre* d'Alain Chabat. Il me touche dans *La Femme d'à côté*, de François Truffaut, une autre histoire d'amour impossible avec une Fanny Ardant d'une bouleversante fragilité. Il a eu les plus belles femmes dans ses bras, Catherine Deneuve dans *Le Dernier Métro*, Truffaut encore, Carole Bouquet dans *Buffet froid* et dans *Trop belle pour toi*, de Bertrand Blier. Il a tourné avec les plus grands, Maurice Pialat, Michel Audiard, Luis Buñuel, Claude Sautet, Alain Resnais, Agnès Varda, Ettore Scola... Il est inoubliable dans *1900*, de Bernardo Bertolucci, sur la montée du fascisme en Italie. De grands réalisateurs, dans tous les pays, ont fait appel à lui. Il a même incarné Raspoutine dans une série russe !

Depardieu a sa place dans le cinéma d'auteur, dans les films populaires, dans les comédies d'un moment, dans les drames passés à la postérité – sa palette est à la mesure de son talent, immense. Il a tourné dans un film magnifique avec son fils Guillaume, *Tous les matins du monde*, d'Alain Corneau. Guillaume est mort en 2008. Dans son livre *Ailleurs*, Gérard Depardieu a des phrases très fortes sur la folie, sur la vie, sur le désir, sur la douleur ; sur la mort.

Comme tout le monde, je l'ai découvert avec *Les Valseuses*. « Quand on nous fait pas chier on s'contente de joies simples... » 1974. Patrick Dewaere et Gérard Depardieu crèvent l'écran, deux écorchés vifs en quête de tendresse. Il a vingt-cinq ans, et il est déjà ce beau gosse mal élevé, attachant et odieux, sympathique et insupportable, brut de décoffrage, avec l'appétit d'un animal et un rire d'enfant qui vous saisit. Au fond il n'a pas changé ; ses défauts, ses qualités se sont juste exacerbés. Derrière le rustre, il y a un artiste, sensible et tendre. Je l'ai entendu réciter Barbara ou lire Saint Augustin à Notre-Dame, c'était poignant. Je l'ai vu jouer avec les silences, écouter sans bouger Offenbach mis en scène par sa fille Julie en 2008, vibrer de la musique des *Contes d'Hoffmann* et de la beauté des ombres dans la cour d'honneur du château de Vaux-le-Vicomte. Nous nous abritions sous le même parapluie. Sa masse me protégeait du vent et du froid. Oui, Depardieu aime la bouffe et la baise, mais il sait aussi se montrer d'une infinie délicatesse. Parfois, ce gueulard provocateur a la grâce.

Je me souviens de la polémique au moment où il s'est installé en Belgique pour des raisons fiscales, en décembre 2012. « C'est assez minable », lui lance alors Jean-Marc Ayrault, Premier ministre, en rappelant que payer ses impôts relevait d'une participation « patriotique » à la solidarité nationale. À l'époque, François Hollande est plus subtil : il ne cible pas Gérard Depardieu, préfère appeler tous les Français à « un comportement éthique » face à l'impôt. « Minable ? Vous avez dit minable ? Comme c'est minable ! » répond l'acteur, l'un des derniers monstres sacrés du cinéma français, au gouvernement, dont il considère qu'il l'a injurié. Quelques semaines après son exil fiscal, il annonce qu'il rend son passeport français et dans un long courrier, il encense Vladimir Poutine, qui lui a offert la nationalité russe. Du Gégé tout craché. Certes, ce n'est pas l'aspect de sa personnalité que j'admire le plus. Les voyages à Cuba, en Corée du Nord, en Tchétchénie, l'amitié mise en scène avec l'autocrate épouvantable qui dirige le pays, quelques déclarations à l'emporte-pièce, des conduites en état d'ébriété avancée, des mises en cause graves... Le pire va souvent de pair avec le meilleur. À chacun sa liberté. « Je suis parfois un innocent, parfois un monstre. Tout ce qui est entre les deux ne m'intéresse pas », comme il le dit lui-même dans *Ailleurs*.

Depardieu, c'est un gamin de Châteauroux, un fils du peuple, un vrai prolo. Il a grandi dans la misère, il a quitté l'école très tôt pour gagner sa vie, enchaîné les petits boulots, il a crevé de faim. Sans le théâtre, sans le cinéma, il aurait pu tomber du côté des voyous et mal finir. Chaque centime de ces années de galère, il l'a gagné. J'ai une admiration immense pour l'autodidacte affamé de culture qu'il a été, pour l'adolescent révolté qui a su dépasser sa colère et arracher le meilleur à la vie. En 2018, nous avons habité la même rue de Paris. Il m'a invité à prendre un café dans la grande pièce de son hôtel particulier, un salon dont les murs étaient couverts des paroles de chansons de Barbara ; il est revenu sur le mot d'Ayrault, « minable », avec une indignation intacte. L'injure l'avait touché au cœur. Il s'était senti jugé – et d'ailleurs il l'avait été. Les sondages de l'époque étaient très sévères. Je crois pourtant que les Français lui ont pardonné, comme on excuse toujours l'enfant terrible de la famille. On soupire, on râle, on se fâche, et on finit par lui ouvrir les bras. Depardieu fait partie de notre vie depuis presque cinquante ans. Il appartient à notre patrimoine commun. Sacré Gégé.

CHAPITRE 5

Élisabeth et Robert

Deux visages, deux voix, un seul combat : la République. Élisabeth et Robert Badinter défendent depuis plus d'un demi-siècle l'idéal auquel je crois, au nom duquel je me bats. Ce couple emblématique, les Français le connaissent. Ils connaissent ses convictions, ses chevaux de bataille ; ils connaissent la force de sa parole et sa persévérance dans la lutte. Les Badinter n'ont jamais hésité à s'engager contre l'opinion. Ils sont, pour moi, les héritiers des philosophes des Lumières, des gens de lettres, des sentinelles contre l'obscurantisme, d'ardents partisans de la raison. J'entends qu'on leur reproche parfois d'être la « gauche morale ». Eh quoi ? Depuis quand la morale telle que l'Histoire nous l'a enseignée est-elle une tare ? Élisabeth et Robert Badinter incarnent l'intransigeance sur nos valeurs fondamentales ; le parcours exceptionnel de Robert, surtout, l'éloigne de tel ou tel camp partisan. S'il a commencé sa carrière à gauche, depuis longtemps il fait autorité au-delà de son appartenance politique. J'en ai conçu pour lui une admiration sans borne et un immense respect. Pour elle aussi.

Leur intransigeance tranquille me touche d'autant plus qu'elle a un prix. Les Badinter sont ainsi restés fidèles à François Mitterrand, indéfectiblement, jusqu'à sa mort en 1996. Même en privé, à aucun moment, je ne les ai entendus émettre la moindre réserve à son encontre, notamment après la révélation, en 1994, de son amitié persistante avec René Bousquet, collaborateur notoire, chef de la police de Vichy et complice de la déportation des Juifs de France – complice actif puisque, au nom de la « prophylaxie », Bousquet prôna l'arrestation des enfants et des adolescents, ce que les Allemands ne demandaient pas. Au moment de cette polémique, nous étions plusieurs, à gauche, qui avions exprimé publiquement notre bouleversement, notre incompréhension. Robert Badinter, issu d'une famille juive de Bessarabie, fils de Samuel Badinter, déporté, mort en arrivant dans le camp de Sobibor en 1943, n'avait pas eu un mot, lui, contre son ami. Deux années plus tôt, il l'avait déjà défendu, alors que Mitterrand refusait de reconnaître la responsabilité de la France dans les crimes de Vichy contre les Juifs. Pour ce refus, le président avait été hué par une partie de la foule au moment du cinquantième anniversaire de la rafle du Vél' d'Hiv', le 16 juillet 1992. Ces cris avaient révolté Robert, qui s'en était indigné à la tribune : « Vous m'avez fait honte ! Les morts vous écoutent. (...) Je ne demande que le silence que les morts appellent. » Je ne l'ai jamais interrogé sur ce soutien. J'aurais dû – je n'ai pas osé. On ne soumet pas Robert Badinter à la question.

L'essentiel est ailleurs. À mes yeux, Robert Badinter, artisan de l'abolition de la peine de mort, symbolise l'essence même du courage en politique. Pourquoi je m'engage à gauche en 1980 ? Pourquoi je m'inscris au parti socialiste ? Parce que je suis contre la peine de mort. Je viens d'une génération pour laquelle ce clivage a un sens. À la fin des années 1970, on est abolitionniste ou on ne l'est pas. On lit Victor Hugo, *Le Dernier Jour d'un condamné* ; on discute autour des *Réflexions sur la peine capitale* d'Arthur Koestler et Albert Camus ; on s'interroge après avoir fermé *Le Pull-over rouge*, de Gilles Perrault… Le journaliste a mené une enquête après la mort de Christian Ranucci, accusé du meurtre d'une fillette et guillotiné à vingt-deux ans en juillet 1976. Il a conclu à une probable erreur judiciaire. Ranucci est le premier prisonnier exécuté depuis le début du septennat de Valéry Giscard d'Estaing. Ces débats nous passionnent. En janvier 1977, je suis dans les journaux le procès de Patrick Henry, accusé du meurtre insupportable d'un petit garçon. Il est défendu par Robert Badinter, qui le sauve de la guillotine et obtient une peine de réclusion criminelle à perpétuité. Les chroniques judicaires se font l'écho du magnifique réquisitoire de l'avocat contre la peine capitale ; c'est lui qui m'éveille à la parole publique. J'ai quinze ans, et je suis particulièrement sensible à la question de la peine de mort, choqué par les exécutions qui ont continué en Espagne jusqu'aux derniers jours de Franco. L'État ne peut pas donner la mort, j'en suis convaincu. En 1980, après mon bac, je m'inscris à la Sorbonne pour suivre le cours de droit pénal de Robert Badinter. Le 16 mars 1981, je suis dans le public de l'émission « Cartes sur table », présentée sur Antenne 2 par Alain Duhamel et Jean-Pierre Elkabbach, le jour où François Mitterrand, candidat à l'élection présidentielle, réaffirme solennellement son opposition à la peine de mort, et s'engage à l'abolir. Je me souviens de mon émotion en l'écoutant. Plus tard, j'étendrai le spectre de mes références à Michel Rocard, à Willy Brandt, à Olof Palme, ou encore à Felipe González ; mais Robert Badinter conserve une place à part.

Oui, c'est une position de principe. Oui, c'est une question de morale. Que voulez-vous, j'ai toujours été un social-démocrate ennuyeux… Quand, comme moi, on est venu à la gauche par la littérature, on défend une démocratie qui ne coupe pas les têtes. Le 17 septembre 1981, jeune militant, j'écoute le garde des Sceaux de François Mitterrand défendre l'abolition devant les députés. Ce discours, admirable, poignant, ces phrases qui vous prennent aux tripes résonneront longtemps à mes oreilles. J'y vois l'acte fondateur de la gauche au pouvoir, la pierre angulaire des deux septennats. Quarante ans plus tard, que reste-t-il du rêve, de l'espoir de mai 1981 ? L'abolition de la peine de mort. Le reste s'est écrasé dans le tournant de la rigueur, le changement radical de politique économique de 1983. Le reste, n'importe quel gouvernement l'aurait mis en œuvre à plus ou moins long terme, sous la pression de l'Histoire en mouvement. Je me suis d'ailleurs souvent demandé pourquoi Valéry Giscard d'Estaing, à l'origine de plusieurs réformes sociétales importantes, n'a pas supprimé la guillotine lorsqu'il était au pouvoir ; sans doute sa main a-t-elle tremblé au moment décisif. C'est l'honneur de la gauche d'avoir été contre l'opinion majoritaire, d'avoir mis fin à cette pratique barbare indigne d'une République éclairée. Il y a dix ans, à l'occasion des trente ans de l'abolition, Robert Badinter dira que le Parlement, en la votant, a « assumé la fonction qui doit être la sienne dans une démocratie : être le phare qui éclaire les voies de l'avenir, et non le miroir des passions de l'opinion publique ». Cet homme représente pour moi ce que les années Mitterrand ont donné de meilleur à la France.

L'abolition de la peine de mort, qui a définitivement rangé la gauche du côté du progrès, a aussi relégué aux oubliettes l'action de Badinter ministre de la Justice. Même ses années à la tête du Conseil constitutionnel s'effacent peu à peu, victimes, comme nous le sommes tous, de la marche inaltérable de l'Histoire. Quelle erreur, quelle provocation, quelle faute de goût d'avoir nommé Roland Dumas pour lui succéder place du Palais-Royal ! Dumas, personnage sulfureux, plusieurs fois condamné par la justice. « Mitterrand a deux amis avocats : Badinter pour le droit, Dumas pour le tordu », disait-on à l'époque, ce qui nous faisait rire. Dumas disparaîtra. Le nom de Badinter, en revanche, est gravé dans nos tables de loi. Au XXIIe siècle, les réformes qui suscitent aujourd'hui tant de controverses ne seront peut-être même plus un souvenir ; les manuels scolaires ne leur accorderont sans doute pas une ligne, alors qu'ils mentionneront évidemment ce jour de septembre 1981 où les députés et les sénateurs votèrent la fin de l'échafaud. Les errements, les affaires, les renoncements qui ont gâché la fin du second septennat, tout aura disparu. Jusqu'à l'amitié de Mitterrand avec l'abject René Bousquet, alors qu'elle fut à l'origine de querelles homériques. Je me souviens de la violence d'Henri Emmanuelli, fou de rage contre moi après une interview sur LCI en septembre 1994 dans laquelle j'avais exprimé ma colère. Dire que nous avions fustigé Georges Marchais, secrétaire général du PCF, parce qu'il avait été travailleur volontaire en Allemagne pendant la guerre. Au bureau national du PS, rue de Solférino, Louis Mexandeau menaça de me casser la gueule ; je n'ai pas oublié Jean Poperen, mal à l'aise, m'accusant de saper la sacro-sainte union de la gauche. Les anciens contre les modernes. Il nous faudra attendre 1995 pour que Lionel Jospin, candidat à l'élection présidentielle, théorise le « droit d'inventaire », et nous permette à tous de prendre nos distances avec Mitterrand.

Robert Badinter a joué un autre rôle dans ma vie. C'est lui qui me convainc, en 2015, de m'engager très fermement dans la réforme du droit du travail ; il vient alors de publier, avec le professeur de droit public Antoine Lyon-Caen, un petit texte, *Le Travail et la loi*, plaidoyer pour un allègement du code du travail. François Hollande est sceptique. François Rebsamen, ministre du Travail, l'est aussi. Je me sers de l'aura de Badinter, dont le nom reste un gage de sagesse chez les socialistes, et je passe outre. À chacun de mes interlocuteurs, je précise :

« Lis Robert Badinter, regarde ce qu'il a écrit. » J'engage la réforme. Hélas, le résultat ne va pas aussi loin que le prônait Robert, lequel proposait un vrai changement des normes. De renoncements en aménagements, sort finalement la loi dite « loi travail » ; elle est l'objet d'une dérobade d'Emmanuel Macron, de nouvelles divisions à gauche, puis d'un conflit social dévastateur. J'y perds beaucoup de plumes. Je sors très abîmé de cette période, avec une image considérablement dégradée dans l'opinion. Mais mon amitié avec Robert est intacte.

J'ai toujours été frappé par son physique, sa mâchoire tendue, ce mélange de dureté et de douceur dans les traits. Robert a les yeux aussi sombres qu'Élisabeth les a bleus, profonds, perçants. Un regard impressionnant. Élisabeth Badinter est encore plus intransigeante que Robert, c'est dire. Cette femme a la foi. La foi laïque. Elle n'a jamais renoncé à la défendre, bien seule souvent, contre tous ceux qui, au PS et ailleurs, prétendant empêcher la stigmatisation des musulmans, ont en réalité cédé peu à peu le terrain à l'islam radical.

Ce combat contre l'intégrisme, Élisabeth le mène depuis plus de trente ans. Car je pense, comme elle, que tout commence avec l'affaire de Creil en 1989. Trois collégiennes du collège Gabriel-Havez, dans cette commune de l'Oise, refusent alors d'ôter leur foulard en classe. Le principal prononce leur exclusion. À gauche, de nombreuses voix s'élèvent pour défendre Leila, Fatima et Samira, au nom du respect de la différence. Lionel Jospin, ministre de l'Éducation nationale, ne tranche pas. Appuyé par Michel Rocard à la tête du gouvernement, Jospin sollicite le Conseil d'État, qui désavoue le principal du collège : l'expression des convictions religieuses ne peut être interdite à l'école « tant qu'elle ne constitue pas un acte de pression, de provocation, de prosélytisme ou de propagande ». À Matignon, au sein du cabinet, nous sommes quelques-uns qui manifestons notre désaccord avec cette décision. Nous regrettons le numéro d'équilibriste du ministre de l'Éducation nationale, et plus encore le soutien du Premier ministre. La culture protestante des deux hommes explique sans doute leur vision peu combative de la laïcité ; en l'occurrence, la politique n'est pas loin : Jospin et Rocard, à l'approche du congrès du PS, jouent le rapprochement. Quant à François Mitterrand, le sujet ne l'intéresse pas. Le président de la République ne comprend pas pourquoi ce « bout de tissu » suscite tant d'agitation. « Elles sont charmantes, ces petites, avec leur foulard », dit-il même à Élisabeth Badinter. Le secrétaire général de l'Élysée, Jean-Louis Bianco, partage avec Jean-Paul Huchon, le directeur de cabinet du Premier ministre, une vision multiculturelle de la société. Une partie de la gauche, politique et universitaire, tournant le dos à la tradition républicaine, s'identifie désormais dans les luttes de groupes minoritaires liés par le sentiment d'une identité réprimée. Le voile islamique doit donc être considéré comme « une manifestation moderniste d'une identité positive ». Exactement comme Danièle Mitterrand et SOS Racisme : l'épouse du chef de l'État et l'association défendent haut et fort le « droit à la différence » des trois collégiennes. Des collégiennes qui ont pourtant affirmé, au cours d'un entretien dans le bureau du proviseur : « Nous sommes des folles d'Allah, nous n'enlèverons jamais notre foulard, nous le garderons jusqu'à notre mort. » Heureusement, des voix fortes s'élèvent dans la société civile pour exprimer leur indignation. *Le Nouvel Observateur* publie en couverture une tribune qu'Élisabeth Badinter cosigne avec Régis Debray, Alain Finkielkraut, Élisabeth de Fontenay et Catherine Kintzler : « Profs, ne capitulons pas ! » Le texte dénonce une confusion entre discipline et discrimination, reproche au ministre d'avoir donné l'impression qu'il identifie « automatiquement exclusion et racisme » en ne soutenant pas la direction du lycée.

Quand je le lis aujourd'hui, quelque temps après l'assassinat ignoble de Samuel Paty, professeur d'histoire et de géographie, par un terroriste islamiste, je suis frappé par sa clairvoyance. Tout était dit. « La laïcité a toujours été un rapport de forces. Est-ce au moment où les religions sont de nouveau en appétit de combat qu'il faut abandonner ce que vous appelez la "laïcité de combat" au profit des bons sentiments ? La laïcité est et demeure par principe une bataille, comme le sont l'école publique, la République et la liberté elle-même. Leur survie nous impose à tous une discipline, des sacrifices et un peu de courage. Personne, nulle part, ne défend la citoyenneté en baissant les bras avec bienveillance. » Trente-deux ans plus tard, ces lignes n'ont pas pris une ride. Bien sûr, entre-temps, il y a eu la loi de 2004 qui interdit les signes religieux « ostensibles » dans les établissements scolaires et celle de 2010 qui proscrit le voile intégral dans l'espace public. Je les ai votées toutes les deux. Mais les avertissements des auteurs des *Territoires perdus de la République* ou de Jean-Pierre Obin, inspecteur général de l'Éducation nationale, sont ignorés. Ce qu'écrivaient Élisabeth Badinter et ses cosignataires reste brûlant d'actualité. Je n'en changerais pas un mot, pas un.

En 2008, Élisabeth me demande mon soutien. Je n'ai pas de responsabilités particulières au PS, mais à ses yeux, je fais partie des quelques rares socialistes qui n'ont pas peur de s'engager sur cette question de la laïcité. Cette fois il s'agit d'une crèche, la crèche Baby Loup de Chanteloup-les-Vignes. Une salariée vient d'être licenciée parce qu'elle refuse d'enlever son foulard, malgré le règlement intérieur de l'association qui impose le respect de la neutralité religieuse. S'estimant victime de discrimination, cette salariée conteste devant les prud'hommes la décision de la directrice de la crèche, et elle saisit la Haute Autorité de lutte contre les discriminations et pour l'égalité. La présidente de la HALDE, Jeannette Bougrab, s'élève contre son propre collège et soutient la directrice de la crèche, dont l'avocat n'est autre que Richard Malka. Notre complicité, avec Richard, ne s'est pas démentie depuis. L'affaire de Baby Loup va durer des années, passer devant la Cour de cassation, puis la cour d'appel, puis le Conseil d'État, puis le Comité des droits de l'Homme de l'ONU… La justice administrative finira par donner raison à la femme voilée, invoquant le caractère privé de l'entreprise, au sein de laquelle la neutralité religieuse ne peut être imposée. En mars 2013, ministre de l'Intérieur, je vais dénoncer, à la tribune de l'Assemblée, une atteinte à la laïcité, et demander une loi pour contrer ce qui est devenu « la jurisprudence Baby Loup ». Jean Glavany m'aide à poser les jalons d'une norme juridique qui confortera les règlements intérieurs des entreprises du secteur privé dans leur lutte contre la pratique d'un islam radical. En avril 2013, à l'occasion de la mise en place de l'Observatoire de la laïcité, François Hollande lui demande de lui faire des propositions sur « la définition et l'encadrement de la laïcité dans les structures privées » qui accueillent des enfants. Le président pense encore que le pays peut être « apaisé » sur ces questions… En mai, je remets l'ordre national du Mérite à Natalia Baleato, la directrice de Baby Loup. Je salue, dans mon discours, le courage immense de cette femme, victime d'une campagne de haine à Chanteloup-les-Vignes : menacée de mort, insultée, elle est traitée de fasciste, elle, la Chilienne engagée, poursuivie par Pinochet, réfugiée en France pour échapper à la dictature. Lassée des jets de tomates, elle finit par fermer la crèche pour en rouvrir une autre à Conflans-Sainte-Honorine. Pendant toutes ces années, je m'applique à ne rien laisser passer : dans ma ville d'Évry, j'engage le licenciement d'une animatrice d'un centre de loisirs qui refuse d'ôter son voile ainsi que celui de la directrice d'une crèche, une évangéliste convaincue qui entendait imposer la prière à ses employées.

À mes yeux, la lutte pour la laïcité relève du devoir national. Non, les musulmans, ces nouveaux « damnés de la terre » comme les appelle le journaliste Edwy Plenel, n'ont pas forcément raison. Non, ils ne sont pas toujours des victimes. Non, ceux qui luttent contre l'islamisme ne mènent pas la guerre à tous ceux qui pratiquent l'islam.

C'est trop simple. Ces accusations de racisme me révoltent. Je ne combats pas la pratique d'une religion, je combats l'intégrisme des Frères musulmans et des salafistes qui ont développé dans les banlieues de véritables enclaves « salafo-fréristes » si bien décrites dans leurs travaux universitaires par Gilles Kepel et Hugo Micheron. Je ne stigmatise aucun de mes compatriotes, je défends la France contre les terroristes qui lui ont déclaré la guerre. Combien de morts encore, combien de drames avant que les Français comprennent que l'enjeu n'a rien à voir avec le rejet de tel ou tel ? Aujourd'hui, c'est Mila qu'il faut soutenir. L'existence de cette lycéenne est un enfer. Pour avoir proféré des grossièretés à l'égard de l'islam et assumé son orientation sexuelle, elle est harcelée et menacée de mort. Elle doit vivre cachée et sous protection. « Personne, nulle part, ne défend la citoyenneté en baissant les bras avec bienveillance. » Merci Élisabeth d'avoir si tôt trouvé les mots.

Elle a été attaquée souvent, critiquée violemment, blâmée durement, blessée par des propos antisémites et des remarques sexistes. Pourtant, Élisabeth Badinter n'est pas seulement une militante de la laïcité ; c'est une philosophe engagée, qui s'est fait connaître en mettant en cause le fameux « instinct maternel » dans son livre *L'Amour en plus*, publié en 1980. Elle vient d'achever un travail historique sur la mère de Marie-Antoinette, Marie-Thérèse d'Autriche, une souveraine qui a conjugué pouvoir et maternité toute sa vie. Élisabeth porte régulièrement une réflexion personnelle sur les grands débats de société. Elle a beaucoup travaillé sur les questions liées aux avancées de la médecine dans le domaine de la procréation. Elle est ainsi l'une des rares à défendre les mères porteuses, ouvertement favorable à une gestation pour autrui très encadrée, qu'elle qualifie de « GPA éthique ». Les polémiques, les levées de boucliers que sa parole a suscitées ne l'ont jamais arrêtée. Comme Premier ministre, personnellement opposé à la GPA, je me suis moi-même trouvé coincé entre deux couples de gauche, les Badinter et les Jospin, coincé entre Élisabeth, pro-GPA, et Sylviane Agacinski, qui y est farouchement hostile, coincé au cœur de discussions que je qualifierai pudiquement… d'animées. Ce sont deux femmes de caractère.

Bien sûr, Élisabeth Badinter a pris position dans le débat post-MeToo. Elle s'est élevée contre la « pensée binaire » de certaines militantes de la cause des femmes, à qui elle reproche notamment d'avoir engagé une véritable « guerre des sexes », au mépris des nuances et de la complexité inhérente aux rapports entre les hommes et les femmes. « Ces nouvelles activistes radicales nous mènent tout droit à un monde totalitaire », souligne-t-elle dans une tribune publiée en septembre 2020. Élisabeth est d'acier, mais en toute circonstance elle est posée. La preuve qu'on peut se montrer radicale dans sa pensée et modérée dans son expression. Élisabeth Badinter tient sûrement ce goût du verbe de son arrière-grand-père, le député socialiste et communard Édouard Vaillant ; elle le tient de son père, Marcel Bleustein-Blanchet, résistant, fils d'un immigré juif russe, fondateur de l'agence de communication Publicis. J'aime ces lignées de sang mêlé, où l'histoire de la Commune rejoint celle des tourments du monde ; c'est aussi ça, la France.

Élisabeth et Robert Badinter l'ont célébrée à leur manière, en écrivant à quatre mains une biographie de Condorcet. Nicolas de Condorcet, philosophe des Lumières, mathématicien de génie, abolitionniste convaincu qui ne vota pas la mort du roi en 1792, défenseur des minorités persécutées, les Juifs et les protestants, partisan de la fin de l'esclavage, militant avant l'heure des droits des femmes, arrêté, mort dans sa cellule en 1793... Cet « intellectuel en politique », ainsi qu'ils l'ont qualifié, leur ressemble. Il était temps de lui rendre justice. Les Badinter l'ont fait avec brio, en historiens pointilleux autant qu'en écrivains talentueux. C'est vrai, ils incarnent, dans la manière de penser, d'agir, dans la façon qu'ils ont de se situer au sein de notre société, une forme d'aristocratie sans particule, d'élite républicaine. Mais nous avons besoin de personnalités à leur image, qui réfléchissent, qui ouvrent le chemin, qui éclairent le passé, qui pensent l'avenir. La critique des élites me lasse, d'où qu'elle vienne. Évidemment, l'entre-soi et la reproduction absurde d'un modèle excluant sont insupportables. Pour autant, une société sans élite, une société qui donne systématiquement raison à la foule n'a plus rien à voir avec une démocratie.

Le système doit être réformé pour permettre davantage d'égalité et de diversité, je suis le premier à le réclamer. Mais je ne comprends pas qu'on veuille supprimer l'ENA. La France, c'est son État, une administration d'une très grande qualité, solide et compétente. Si nous voulons continuer de pouvoir compter sur nos hauts fonctionnaires, nous devons veiller à ce qu'ils soient bien formés, bien préparés. Les filles de Jean Zay m'ont offert ses carnets de captivité, publiés sous le titre *Souvenirs et Solitude*. Ministre de l'Éducation nationale du Front populaire, Jean Zay quitte le gouvernement en septembre 1939 pour rejoindre l'armée. En 1940, il est fait prisonnier, jugé et condamné par Vichy. C'est en cellule qu'il commence à penser la France d'après, obsédé par la défaite morale de juin 1940 et l'idée de régénérer des élites administratives minées par la corruption. Il préfigure, avant d'être assassiné par la milice en 1944, ce que sera l'ENA, une grande école de formation pour une élite républicaine instruite et éclairée, capable de donner le meilleur d'elle-même au service de son pays. Un aussi bel idéal démocratique ne doit pas disparaître.

Je suis un enfant de l'école publique, laïque et républicaine – j'en parle en connaissance de cause. La leçon de morale, chaque matin, l'apprentissage des grandes dates de l'Histoire et des départements français, les cartes de géographie accrochées à côté du tableau... Cette école ne peut être le lieu où les appartenances religieuses s'imposent par-delà la loi ; elle doit demeurer, comme le disait déjà Élisabeth Badinter en 1989, un lieu d'émancipation, qui ne place aucune croyance au-dessus du respect des principes de la République. Je suis immensément reconnaissant aux Badinter d'être restés, malgré les difficultés, malgré les insultes parfois, malgré les années, inébranlables sur ce sujet. Je considère que j'ai une chance inouïe de les avoir rencontrés, d'avoir pu discuter avec eux, d'avoir pu compter sur eux. Ce n'est pas donné à tout le monde. De toute ma force de républicain laïque, je les en remercie.

CHAPITRE 6

La place des Droits de l'Homme

La gauche compte son lot de « bouffeurs de curés » – je n'en suis pas. Élevé dans la religion catholique par des parents profondément croyants, j'ai été enfant de chœur à l'église Saint-Gervais, dans le Marais, puis à Saint-Roch ; j'ai lu les Évangiles, étudié leur réflexion sur l'humanité à travers la figure du Christ. Plus tard, je me suis passionné pour des auteurs en quête de divin, Saint Augustin, Montaigne, Mauriac, Bernanos, Kazantzákis. *Le Ciel et la Terre*, de Carlo Coccioli, *Érasme*, de Stefan Zweig, m'ont accompagné dans ma réflexion. Toute mon adolescence, j'ai cherché moi aussi un « christianisme personnel », fasciné par la démarche d'un ami de mes parents, José Bergamìn, intellectuel espagnol catholique et républicain. Ce disciple d'Unamuno a écrit, dans son livre *Le Clou brûlant* : « La foi ce n'est pas vouloir croire, mais au contraire c'est croire sans vouloir. » Cette phrase continue de me troubler. Pourtant, l'année de mes dix-huit ans, à l'occasion d'un voyage à Saint-Jacques-de-Compostelle, j'ai rompu avec la pratique religieuse – trop d'incohérences, trop de contradictions. Si j'aime toujours visiter les églises, si je suis encore sensible à la solennité des grandes liturgies, je suis aujourd'hui un homme sans foi ; ce qui ne signifie pas que j'ai cessé de douter, ni de m'interroger. Chercher un sens à sa vie ne s'arrête qu'à sa mort.

Mon engagement politique n'a pas apaisé ce désir profond de spiritualité. La franc-maçonnerie non plus, mon passage y a d'ailleurs été très bref. Pourquoi échapperais-je à cette question de « la misère de l'homme sans Dieu » ? Elle tourmente nos sociétés depuis des siècles, structure les *Pensées* de Pascal au XVIIe, mobilise les révolutionnaires à la fin du XVIIIe. Robespierre imagina la fête de l'Être suprême, le 20 prairial de l'an II, comme les prémisses d'une nouvelle religion ; l'État laïque fut pensé d'abord comme une contre-Église, avec ses textes, ses références, ses lieux de mémoire, ses cérémonies. La Révolution a échoué à effacer Dieu. Jaurès lui-même, respectueux de l'héritage spirituel de la société française, a écrit : « Il serait très fâcheux, il serait mortel de comprimer les aspirations religieuses de la conscience humaine. Ce n'est point ce que nous voulons ; nous voulons au contraire que tous les hommes puissent s'élever à une conception religieuse de la vie, par la science, la raison et la liberté. » J'aime ce positivisme profondément humaniste. Il me semble qu'il fait écho, dans notre monde contemporain, au rejet du matérialisme tout-puissant, au désarroi qu'engendre le délitement du lien familial et social. Dans la sphère profane, le cinéma, les jeux vidéo, la littérature, surgissent des éléments du sacré, tirés des grandes épopées de l'Ancien

Testament ou de la mythologie. En politique, cette perte de repères se traduit malheureusement par la progression d'un christianisme réactionnaire, aux États-Unis ou en Amérique latine. En Inde, l'hindouisme extrême, véritable idéologie suprémaciste, ne cesse de gagner du terrain. Le retour aux fondamentaux a aussi transformé l'islam, qui, dans sa version la plus rigoriste, la plus radicale, offre un étendard politique aux guerriers de la foi. Les identités meurtrières décrites par Amin Maalouf sont ainsi à l'œuvre. Partout, l'homme moderne se cherche. Ma démarche personnelle a rejoint un moment historique. Le socialisme, fût-il démocratique, a échoué à me montrer la voie. Alors l'Histoire de France, le concept de nation, une certaine idée de l'éthique républicaine m'ont servi de boussole. François Furet et Mona Ozouf ont guidé mes pas. Les grands-messes de la République ont été mes repères, au premier rang desquels l'inoubliable hommage de Malraux au « chef du peuple de la nuit », prononcé pour l'entrée de Jean Moulin au Panthéon en décembre 1964. Et je me désole, en 2021, que la ferveur républicaine ait disparu, que les promesses d'émancipation soient contestées, que l'école ne soit plus un sanctuaire. La République est le seul chemin. Qu'importent les insultes de ses ennemis acharnés ; qu'importe que Maurras l'ait traitée de « gueuse », de « métèque ». Notre bouclier, c'est la laïcité. Et « elle n'est pas une option spirituelle parmi d'autres », comme l'écrit justement Henri Peña-Ruiz. Elle est « ce qui rend possible leur coexistence car ce qui est commun en droit à tous les hommes doit avoir le pas sur ce qui les sépare », ajoute-t-il.

Vingt années d'élu à Évry ont ancré en moi cette absolue certitude. Même si, de manière étrangement paradoxale, je ne saurais mieux parler de ma ville qu'en l'identifiant à sa cathédrale… Le jour de ma première visite, fin 1999, alors que je suis à la recherche d'une terre électorale, l'édifice me saute aux yeux. Il est le premier que j'aperçois en sortant de la gare RER, masse de briques dont la tour, parfaitement ronde, est auréolée d'une bordure de tilleuls. Inaugurée en 1996 et consacrée par le pape Jean-Paul II, la cathédrale de la Résurrection est le fruit d'une longue réflexion entre religieux et profanes ; j'apprendrai plus tard que sa genèse a mobilisé d'éminents érudits, des historiens, des philosophes, le président de la République, des ministres, des évêques, des élus, des artistes, des fidèles et… l'architecte Mario Botta. Je cite son nom parce que ce Tessinois, ce Suisse-Italien, est un ami très proche du frère de ma mère, Aurelio Galfetti, architecte lui aussi. J'aime trop les coïncidences pour y voir le fruit du hasard. À l'intérieur de la cathédrale, l'ancien se mêle au contemporain à travers l'exposition d'œuvres d'art ; un Christ africain du XIXe observe en miroir celui que Gérard Garouste a imaginé, commc un fil tendu entre les époques et les cultures. J'aime ce mélange. Bien entendu, tenu par la loi de 1905, l'État n'a pas participé au financement de la cathédrale. En revanche, grâce à sa vocation de centre culturel, le Centre d'art sacré attenant a obtenu diverses subventions publiques, allouées par un Jack Lang assez habile à la manœuvre ; certains esprits chagrins y verront matière à controverses, ce qui fera dire au maître d'œuvre des lieux, Claude Mollard, un haut fonctionnaire du ministère de la Culture volontiers malicieux : « La laïcité, dans ses principes, n'a pas été violée. Ce qui est à Dieu reste à Dieu, et ce qui est à César est financé par les fonds publics. À César et à l'Art ! »

Député-maire d'Évry pendant presque vingt ans, j'ai essayé de trouver dans ma ville des réponses aux problèmes du pays – malaise urbain, crise sociale, explosion de la délinquance, quête identitaire d'une partie de la jeunesse, ghettoïsation des quartiers. Tout, ici, a marqué ma vie et mon parcours politique. J'ai géré le quotidien, armement de la police municipale, propreté des rues, rénovation des écoles, soutien aux clubs sportifs, réhabilitation des logements, attention aux personnes âgées ou en situation de handicap, développement du Genopole et de ses biotechs, j'en passe ; j'ai affronté la violence des rivalités entre bandes, la montée de l'antisémitisme et de l'islamisme, la difficulté d'enseigner la Shoah, l'échec des politiques de la ville et du peuplement, l'incapacité à bien gérer les flux migratoires, la pauvreté, j'en oublie ; j'ai connu les drames de l'actualité, la mort violente d'un adolescent, la polémique à propos d'un Franprix halal que j'ai interdit, les émeutes urbaines de 2005, pour ne citer que les plus graves. À Évry, j'ai tenté aussi – j'ai tenté surtout – de faire vivre le dialogue interreligieux, malgré les tensions et la tentation du repli identitaire, dans une banlieue qui compte une cathédrale, une mosquée, une synagogue, la plus grande pagode bouddhiste d'Europe, inaugurée par le Dalaï-Lama en 2008, un temple protestant, une église évangéliste, une autre adventiste... La visibilité du religieux est ici une litote. Est-ce le signe d'une laïcité ouverte et tolérante, où peuvent s'exprimer toutes les religions ? Ou au contraire, le signe manifeste d'un durcissement, d'une opposition grandissante à la laïcité à la française ? La réponse est compliquée.

Évry est une ville atypique, où l'urbanisme a voulu résoudre les rapports d'amour et de haine qui ont jalonné l'Histoire de France entre la politique, l'économie, la religion et l'éducation. Ces quatre pouvoirs, ces quatre bâtiments imposants se font face sur la place des Droits de l'Homme et du Citoyen : la Chambre de commerce et d'industrie, l'université, la mairie et la cathédrale. La brique de Toulouse unifie l'ensemble. Ce rapprochement, dessiné par la main de l'homme, signe la reconnaissance de la place de l'Église catholique dans notre patrimoine architectural, culturel et évidemment historique. Si j'osais le parallèle, je parlerais d'une nouvelle contribution au *Génie du christianisme* de Chateaubriand. La laïcité, ce n'est pas l'effacement de cet héritage, qui a façonné nos paysages, ce n'est pas l'éradication d'une mémoire vivante dans la musique, dans la littérature ou dans nos musées. L'émotion ressentie devant une Vierge de Botticelli, le vertige au pied du Mont-Saint-Michel, les larmes en voyant brûler Notre-Dame de Paris, tout témoigne de ce passé qui nous ancre dans une civilisation. La cathédrale d'Évry, la seule construite au XXe siècle, rompt avec la conception de la « ville nouvelle » ; elle laisse derrière elle la vision urbaine sur dalle puisée chez Le Corbusier et qui devait nous affranchir du passé. Ce que les hommes ont construit est plus fort que ce qu'ils ont détruit. Mario Botta, l'architecte, peut l'affirmer : « Je crois que la cathédrale est une nécessité pour les croyants et les laïques, c'est un témoignage qui nous relie au passé, quand nos bonnes vieilles villes étaient nouvelles. » Comme maire, je contribuerai à la finalisation du projet qui permet à la cathédrale de s'inscrire au cœur d'une sorte de cloître ouvert. Le jardin intérieur est un havre de paix.

En France, la séparation de la politique et du fait religieux est l'un des piliers de la démocratie. En 2003, la commission Stasi, chargée de réfléchir à l'application du principe de laïcité, avait souligné la permanence d'une « tension entre deux pôles nullement incompatibles mais potentiellement contradictoires, la neutralité de l'État laïque et la liberté religieuse ». Moi-même, j'ai commencé par douter du bien-fondé de la loi de 2004 sur l'interdiction des signes religieux ostentatoires à l'école ; et je sais que je me suis trompé en proposant de modifier la loi de 1905 pour aider l'islam à échapper aux financements étrangers. L'État ne peut pas organiser le culte à son avantage, il n'a pas à se mêler de théologie mais simplement à faire appliquer les lois communes qui s'imposent à toutes les religions. Depuis longtemps, je suis ferme sur mes convictions ; je me sens plus attaché que jamais à protéger notre modèle français d'une République laïque. Il faut défendre la laïcité parce qu'il faut défendre la démocratie. Nous avons besoin du « tranchant de la loi » cher à Régis Debray ; et nous avons besoin de pédagogie, encore, toujours. Dialoguons.

Discutons. À Évry, j'ai été aidé par trois hommes exceptionnels, trois enfants du Maroc : le nouvel évêque, Mgr Michel Dubost, le recteur de la mosquée, Khalil Meroun, et le rabbin Michel Serfaty, président de l'association pour l'Amitié judéo-musulmane dont le bus sillonne toute la France. Ensemble, ils veillent depuis longtemps à poursuivre le dialogue, parfois durement, chaque fois sincèrement. Ils échangent, ils participent aux fêtes de leurs cultes respectifs. Grâce à eux, j'ai été au-delà de mon rôle traditionnel d'élu en instaurant et en jumelant, de façon symbolique, un carré musulman et un carré juif au cimetière d'Évry. Avec eux, j'ai concrétisé une certaine idée de notre ville : un lieu où les cultures ne vivent pas l'une à côté de l'autre mais se mélangent, se respectent, s'enrichissent mutuellement. J'ai eu un vrai plaisir à partager le soir, pendant le mois du ramadan, des repas chez les habitants qui me permettront de voyager partout dans le monde, grâce à la diversité des mets, sans quitter ma ville. Mais toutes les occasions sont bonnes de rappeler les principes de la laïcité qui s'imposent à tous : pour célébrer le centenaire de la loi de séparation de 1905, nous distribuerons un livret explicatif ; nos « Rendez-vous de l'éthique » favoriseront des débats approfondis sur ces sujets complexes ; nous accueillerons la marche des militantes courageuses de « Ni putes, ni soumises », qui dénonçaient déjà ce que les jeunes femmes ou les homosexuels subissaient dans les quartiers.

Des années après, j'admets que j'ai en partie échoué. J'ai vu l'islam institutionnel, malade de ses ambiguïtés, s'affaiblir peu à peu face à la revendication fondamentaliste, notamment des plus jeunes ; j'ai vu l'école et les enseignants lutter en vain, souvent sans soutien, face à la pression identitaire. J'ai essayé. J'ai tenu bon. Mon successeur, Francis Chouat, n'a rien cédé non plus. Pourtant le communautarisme continue de progresser. La laïcité recule. Alors oui, il faut continuer de la défendre vigoureusement. Elle consacre la liberté de conscience, la liberté de chacun de croire et de ne pas croire, de changer de religion ou de ne pas en avoir ; c'est un projet intégrateur, qui permet de réunir en une communauté politique tous les citoyens, quels que soient leurs origines, leurs croyances, leur sexe. La laïcité consacre l'égalité entre les femmes et les hommes ; par essence, la laïcité refuse le voile qui réduit la femme à un corps sexuellement provoquant et lui intime de le dissimuler. Il faut redonner à l'école les moyens de l'enseigner, les moyens de former de futurs citoyens, autonomes, libres et égaux, appelés à forger leur propre conception du monde et de leur destin en respectant celle de leurs camarades. Un enseignant, Samuel Paty, est mort d'avoir exercé son métier, assassiné au nom d'une guerre sainte qui n'a pas sa place sur le territoire de la République. « Dans la transmission des valeurs et dans l'apprentissage de la différence entre le bien et le mal, l'instituteur ne pourra jamais remplacer le curé ou le pasteur », disait Nicolas Sarkozy dans son discours du Latran, en décembre 2007. Il se trompait.

Je me souviens du jour de l'été 2002 où j'ai inauguré la rue Léopold Sédar Senghor. Le ciel était bleu, il faisait beau et nous étions heureux. Le soir même, les Lions de la Teranga, l'équipe du Sénégal, affronteraient la Turquie pour un match crucial de la Coupe du monde de football ; à Évry, ce matin-là, nous étions tous un peu sénégalais. La nouvelle rue, qui relie la mosquée à la cathédrale, a été conçue comme le symbole d'un dialogue à préserver, un acte de fraternité entre deux grandes religions monothéistes. J'ai souhaité qu'elle porte le nom du grand homme d'État sénégalais, académicien français, chantre de la « négritude ». Léopold Sédar Senghor, par ses origines, est à la croisée de deux cultures, la culture catholique et la culture musulmane ; il incarne le dialogue, la relation exceptionnelle qui a uni les destins français et africain. L'amour qu'il a porté à l'école, à la langue, à la transmission, nous éclaire encore aujourd'hui.

Ce samedi d'été, peut-être en fais-je trop. C'est possible. À l'époque, nous sommes traumatisés par la déflagration des attentats du 11 septembre 2001. Des élèves, déjà, ont refusé de respecter la minute de silence en hommage aux victimes. Je vois monter l'antisémitisme dans les quartiers. Quelques semaines plus tôt, en avril 2002, Jean-Marie Le Pen s'est qualifié pour le second tour de l'élection présidentielle. La confrontation identitaire se durcit. Je suis inquiet ; tout ce qui peut contribuer à apaiser les esprits me semble bon à prendre. Je sais bien qu'une nouvelle rue ne va pas résoudre une crispation géopolitique majeure. À mon niveau, je maintiens le lien dans cette ville où je suis heureux de voir mes enfants grandir. Presque vingt ans plus tard, quand je pense à l'élu enthousiaste que j'étais, dans une mairie qui profite de l'ombre de la cathédrale, je sais que j'ai bien fait.

CHAPITRE 7

Le glacier blessé

Des rochers. Des cailloux. Des déchets. Ce n'est plus une Mer de Glace, dont les arêtes bleutées jaillissaient d'une écume de neige, c'est une langue d'ordures et de désolation, un paysage triste à pleurer. Un bout de mont Blanc aux reflets sales. Ce 25 septembre 2015, Premier ministre en déplacement pour une visite en Haute-Savoie, je suis stupéfait ; qu'est devenu ce glacier immaculé qui m'émerveillait encore il y a à peine vingt ans ? Choisir Chamonix pour évoquer l'urgence écologique et les dégâts du réchauffement climatique n'a rien d'original, j'en suis conscient. Mais la vision de cette terre de pierres m'a si profondément touché qu'il me paraît impensable de l'éluder. La France de mon enfance se meurt. La France d'une nature sereine agonise. La planète s'éteint sous nos yeux et nous continuons tranquillement de la détruire. Trop longtemps, j'ai prêté une oreille distraite aux voix qui nous alertaient. Je veux à présent y mêler la mienne.

La Haute-Savoie, donc. Je connais bien ce département alpin aux allures de carte postale. J'y ai passé des vacances en famille, piètre skieur mais grand consommateur de raclette. J'ai participé à des Fêtes de la rose organisées par la fédération locale du PS au pied des massifs, la montagne en majesté aussi loin que portaient nos regards. J'y ai croisé Annie, militante socialiste, mariée à un ancien de la Convention des institutions républicaines, qui avait accueilli François Mitterrand chez elle dans les années 1970. J'y ai rencontré des entrepreneurs, décoré des élus, rénové un commissariat, lutté contre les trafics à la frontière, pleuré neuf alpinistes emportés par une avalanche particulièrement meurtrière en 2012. Le toit de l'Europe ne se laisse pas si facilement atteindre. Comment sauver ce site exceptionnel, abîmé par une urbanisation massive et un développement industriel à l'avenant ? Comment concilier la préservation du mont Blanc avec les impératifs économiques et touristiques de cette vallée, victime d'une pollution aux particules fines d'autant plus forte que l'endroit est encaissé ? Le 25 septembre 2015, j'imagine que je dois en agacer plus d'un, visiteur d'un jour en costume de ville et beaux souliers, figé pour quelques instants au bord du glacier, entouré d'une nuée de caméras et de photographes. Peu importe. Je ne regrette pas ce déplacement : une image vaut tous les discours pour montrer la catastrophe en mouvement. Au même titre que Venise ou Saint-Louis du Sénégal menacées par la montée des eaux, que la disparition de la banquise, que la déforestation de l'Amazonie, que la destruction de la barrière de corail en Australie, que la pollution au plastique de la Méditerranée, que le drame des réfugiés climatiques du Bengladesh, la Mer de Glace de Chamonix nous oblige à regarder la réalité en face. Elle nous rappelle combien l'avenir est incertain.

Je ne suis pas venu à la politique par l'écologie. Comme la plupart de mes camarades socialistes, à la fin des années 1980, je regarde les Verts avec un peu de mépris et beaucoup de condescendance ; ils m'apparaissent petits politiciens, tout juste bons à servir de force d'appoint à la gauche gouvernementale. Bien sûr, au PS, nous réclamons des mesures sérieuses en faveur de l'environnement, mais la question sociale éclipse à nos yeux les inquiétudes liées à la destruction de la nature. Nous nous pensons, nous nous vivons comme le point d'équilibre entre un PCF productiviste et des écologistes partisans de la décroissance.

À ceci près que Michel Rocard, marqué par le PSU et Mai 68, a déjà commencé à réfléchir à notre modèle de croissance ; avant les autres, il a intégré la dimension planétaire sur laquelle doit s'appuyer notre réflexion commune, qu'il s'agisse de la lutte contre le gaspillage des ressources, des déséquilibres environnementaux ou du développement du tiers-monde. Je me souviens de discussions passionnées, lorsqu'il était ministre de l'Agriculture et nous jeunes rocardiens, sur les enjeux de l'autonomie alimentaire du sous-continent indien et les performances productives de la vache indienne… Rocard était convaincu que le monde allait à sa perte s'il ne se dotait pas d'instruments puissants pour réguler l'économie, la finance, les ressources énergétiques ou agricoles. Jusqu'à la fin de sa vie, il a lutté pour la Bataille de l'organisation de la planète, la BOP. En 2015, quelques mois avant sa mort, ce visionnaire publiait *Suicide de l'Occident, suicide de l'humanité ?*, un dernier cri d'alarme pour fustiger « le ravage de la niche écologique qui menace la vie ».

L'écologie entre dans ma vie d'élu lorsque je suis amené à me familiariser avec les enjeux du transport public, la mise en place du tri sélectif des déchets, l'incinération des ordures ménagères, la gestion de l'eau ou encore la mise en place de menus bio dans les cantines scolaires. Toutes ces problématiques du quotidien, je n'en parle pas tout de suite avec des membres des Verts ou de Génération Écologie – nos discussions, dans le Val-d'Oise puis dans l'Essonne, portent d'abord presque exclusivement sur la composition des listes électorales et la répartition des postes. Petit à petit, les thématiques environnementales vont irriguer l'action des collectivités locales où j'exerce mes mandats. Quand je quitte la mairie d'Évry, il n'y a pas plus écolo que moi ! Je suis convaincu que l'écologie doit absolument dépasser les clivages traditionnels. Alain Juppé, Jean-Louis Borloo ou Nathalie Kosciusko-Morizet n'ont pas de leçons à recevoir ; inspirés par Jacques Chirac et son discours de 2002 à Johannesburg, « Notre maison brûle et nous regardons ailleurs », ils ont été pionniers dans leur camp. L'action pour l'environnement a besoin de long terme, de continuité malgré les alternances. Il existe bien un parti estampillé « écologiste », Europe Écologie-Les Verts. Ses prises de position me laissent toujours dubitatif, pour l'avoir trop vu surfer sur une envie de changement, voire sur un « dégagisme » payant dans les urnes. Il a réussi à conquérir, grâce à ses alliances, des villes importantes aux dernières élections municipales. Depuis, plusieurs de ces maires ont exprimé une curieuse vision de la société, rejetant les promesses technologiques de la 5G ou le passage du Tour de France – le Tour de France ! Un monument national ! Pour être tout à fait honnête, l'écologie politique, souvent sectaire, me paraît loin de présenter une alternative crédible, particulièrement à la crise économique et à la lutte contre le terrorisme. Les ambiguïtés d'EELV sur les questions de l'islam politique ou de la laïcité sont inquiétantes. Je ne me fais aucune illusion – dans le moment de défiance que nous connaissons, le pire n'est pas à exclure.

En 2010, j'ai défendu, dans mon livre *Pouvoir*, l'efficacité d'une taxe carbone pour réduire les émissions de gaz à effet de serre. Pour autant, je reste favorable au mix énergétique français, qui conserve la part essentielle de l'une de nos filières d'excellence, le nucléaire. Apparemment, cela fait de moi un renégat. Les deux ministres verts du gouvernement de Jean-Marc Ayrault, Cécile Duflot et Pascal Canfin, choisissent de claquer la porte lorsque je suis nommé à Matignon, en 2014. Ils se disent en désaccord avec mon action au ministère de l'Intérieur, me reprochent de prôner l'autorité de l'État, ou encore d'avoir démantelé des campements insalubres occupés par des populations roms. Ils m'accusent d'être trop à droite pour eux, les tenants d'une gauche morale irréductible. Cinq ans plus tard, en 2019, Pascal Canfin, le héraut des valeurs humanistes, l'écologiste pur et dur, rejoint la liste européenne du mouvement d'Emmanuel Macron, LREM ; il siège désormais parmi les libéraux du Parlement de Strasbourg. Oserai-je écrire que j'ai ri en observant cette trajectoire ? La survie de notre planète mérite des femmes et des hommes d'une autre trempe. En 1992, j'ai été impressionné par Al Gore, candidat à la vice-présidence des États-Unis aux côtés de Bill Clinton. J'ai assisté à son discours sur les dangers du réchauffement climatique devant la Convention démocrate de New York. Le sujet n'était pas à la mode mais son engagement, déjà, forçait le respect. En 2015, je le retrouve au premier rang pour applaudir l'accord de Paris, qui doit beaucoup à la ténacité de François Hollande et de Laurent Fabius. Ce jour-là, 12 décembre, je suis sur la photo historique ; mais c'est d'abord l'émotion d'Al Gore qui me touche.

Je n'ai pas à rougir de mon bilan écologique entre 2014 et 2017. J'ai travaillé pour le futur, renforcé la sécurité alimentaire sans me désolidariser du monde agricole, tenté d'améliorer la qualité de l'air en ville, veillé à ce que les projets d'habitat respectent les normes environnementales, assuré la préservation de la biodiversité, réfléchi aux moyens de ralentir le dérèglement climatique, j'en passe. Comme Premier ministre, j'ai impulsé la loi de transition énergétique, qui ouvrait la voie à un nouveau modèle en favorisant les énergies renouvelables et en réduisant la part du nucléaire à 50 % de la production d'électricité d'ici à 2025. Sans doute cette date était-elle trop optimiste ; sans doute n'avons-nous pas suffisamment pris en compte tous les paramètres techniques et financiers. Nous avons fait au mieux… Emmanuel Macron a corrigé le tir, sans pour autant renoncer à fermer la centrale nucléaire de Fessenheim ; cette fermeture a été négociée avec les écologistes en 2011 sous l'impulsion de Martine Aubry, première secrétaire du PS, puis mise en œuvre par François Hollande. C'était l'un des engagements de sa campagne présidentielle de 2012. Le nouveau monde n'est pas si loin de l'ancien.

Je me suis beaucoup écarté de Chamonix et de son glacier défiguré, qui rétrécit à vue d'œil. Pourtant, c'est toujours à lui que je pense quand je croise des climatosceptiques, des dirigeants un peu tièdes, quand j'entends des présidents négationnistes comme l'était Donald Trump. Dans ce domaine aussi l'élection de Joe Biden est une bonne nouvelle. Mais j'aimerais crier mon inquiétude, trouver les mots justes, le bon ton. Question de génération – je suis trop corseté pour renverser la table. Je l'avoue, Greta Thunberg m'inspire le respect, même si elle vous engueule plutôt qu'elle ne vous parle. Tandis que nous, hommes et femmes politiques, cherchons toujours les moyens raisonnables de convaincre, cette jeune fille de dix-huit ans incarne la colère et la radicalité de la jeunesse face à un monde en sursis. « *How dare you ?* » nous lance-t-elle au visage. Oui, comment osons-nous hésiter encore ?

CHAPITRE 8

Passion football

Je suis un amoureux du foot.

Non, c'est faux. Je me relis et la banalité de cette phrase me saisit. D'autant que mon sentiment pour le foot n'a rien à voir avec la sérénité de l'amour. Je ne suis pas amoureux du foot, je suis DINGUE de foot. Passionné, exalté, transporté, fervent, ardent, enflammé, et j'en oublie. J'aime la beauté du spectacle, la magie qui entoure certains joueurs, la folie d'un Maradona, la précision de la technique, la prouesse physique. J'aime la dimension universelle de ce sport : un ballon, deux poteaux et vous jouez au foot, quel que soit le milieu social, quel que soit le pays, quelle que soit la langue. Bien sûr, en ces temps de pandémie, le spectacle est bien triste dans des stades vides. Bien sûr, il y a des supporters qui sont des voyous ou des racistes. Bien sûr, on peut regretter les dérives d'un milieu perverti par trop d'argent, par l'impact des sponsors, on peut critiquer les caprices de certains joueurs qui vivent comme des princes et se conduisent comme des divas. Mais notre équipe nationale est un modèle de diversité, portée – quand elle gagne… – par une ferveur et un enthousiasme populaires inégalés. Sentir tout un pays vibrer à l'unisson, le voir oublier un instant la brutalité de la vie quotidienne, regarder un peuple célébrer une victoire main dans la main sans souci d'origine ou de religion, quel meilleur ferment républicain ? Au-delà de la beauté du jeu sur le terrain, c'est le souvenir de cette fraternité partagée que je conserve de la Coupe du monde de 1998 ; la finale reste l'un des moments très forts de mes années aux côtés de Lionel Jospin.

Être un joueur médiocre ne m'a jamais empêché de taper dans le ballon. À l'école, au lycée, plus tard avec mes fils – j'ai même joué dans l'équipe des ex-champions du monde Bixente Lizarazu et Christian Karembeu en 2016, quand j'étais Premier ministre, pour un match du Variétés Club de France au profit des militaires blessés et des familles de soldats français morts au combat. J'aime le foot, j'aime jouer, j'aime regarder, j'aime commenter, et même quand je ne vois pas, j'aime écouter. À la maison, avant 1978, nous n'avons pas la télévision. Les soirs de match, j'allume la radio pour suivre Jacques Vendroux et son Multiplex sur France Inter, Eugène Saccomano sur Europe 1 puis sur RTL. Encore maintenant, je ne manque jamais l'« After Foot » sur RMC.

À dix ans, en 1972, pendant mes vacances en Espagne, je me découvre une passion pour l'équipe de Barcelone, grâce à des cousins plus âgés qui m'emmènent au stade avec eux. Nous chantons avec ardeur l'hymne du Barça : il a été composé par un autre Manuel Valls, un cousin de mon père. Cet hymne, l'équipe y est toujours fidèle, plusieurs décennies plus tard. En 1973, je me passionne pour l'arrivée de Johan Cruyff à Barcelone, un transfert inédit à cette échelle. Il vient de l'Ajax d'Amsterdam, aux Pays-Bas, et tout est nouveau chez lui : son jeu, son style, son allure, à mi-chemin entre les Rolling Stones et les Beatles. Il me fascine. En 1978, il refuse de participer à la Coupe du monde en Argentine pour ne pas cautionner la junte militaire au pouvoir. J'ai seize ans. Il est mon idole. Plus tard, entraîneur du Barça, il en révolutionne le jeu ; à ce jour, grâce au prodige argentin Lionel Messi et aux Espagnols Xavi et Andrés Iniesta, le modèle impulsé par Cruyff reste inégalé.

Le 15 mai 1982, j'assiste à la finale de la Coupe de France au Parc des Princes, tribune de Boulogne, dont l'entrée coûte six francs. Le Paris Saint-Germain, mon club fétiche, douze ans d'existence seulement, joue contre le mythe, l'AS Saint-Étienne. Du côté de Paris, Dominique Rocheteau, Mustapha Dahleb, Luis Fernandez ; du côté des Verts, Michel Platini, qui joue pour la dernière fois avant son transfert à la Juventus de Turin, Patrick Battiston, Christian Lopez... C'est un match de folie, qui dure plus de deux heures. Les supporters sont déchaînés. La séance de tirs au but nous met sur des charbons ardents. Je me souviens de Francis Borelli, le président et cofondateur du PSG, qui entre sur le terrain pour embrasser la pelouse. C'est le début de la gloire pour Paris, et la fin d'une époque pour les Stéphanois. Un moment d'anthologie. Le mardi, j'achète *France Football* pour revivre le match en images.

On ne plaisante pas avec le foot. Une passion c'est sérieux, je le dis sans rire ! Ceux qui vivent avec moi la partagent forcément, avec enthousiasme ou résignation. Place Beauvau, puis rue de Varenne, j'oblige mes collaborateurs à inscrire sur mon agenda les matchs les plus importants – je veux être sûr de ne pas les manquer. Le 6 juin 2015, comme tout passionné, je finis par perdre la tête : j'utilise le Falcon officiel pour un déplacement privé, pour assister à la finale de la Ligue des Champions entre le Barça et la Juventus à l'Olympiastadion de Berlin. Évidemment, ce voyage fait polémique. Évidemment, j'ai eu tort. « Falcon, piège à con », titre *Le Nouvel Obs* ; *Libération* fait sa une avec une caricature de moi en maillot du Barça : « Valls marque contre son camp. » D'autant que j'ai emmené mes fils. Je dois présenter mes excuses, exprimer mes regrets en vidéo, faire amende honorable, rembourser les billets de mes enfants. Mais quel match… 3 à 1 pour le Barça, mon équipe, un moment formidable. J'ai pris un « carton jaune » ; il en valait la peine.

Au cabinet de Michel Rocard, je suis chargé des relations avec le Parlement et des dossiers sportifs. En 1990, alors que l'Italie accueille la Coupe du monde, je défends, avec Fernand Sastre, président de la Fédération française de football, et Michel Platini, sélectionneur de l'équipe de France, la candidature de notre pays pour celle de 1998. Je suis au cœur du dispositif. Le 15 mai 1991, François Mitterrand vire Michel Rocard. Nous bouclons nos cartons en une nuit, la veille je n'avais déjà pas dormi, j'étais aux côtés de Nathalie pour la naissance de notre premier enfant. Je rejoins Jean Glavany, délégué à la préparation des jeux Olympiques d'hiver à Albertville, qui a l'élégance et la gentillesse de me récupérer. Il me charge de suivre les grands événements, et je dois dire que ça m'amuse énormément. Évidemment je suis à Albertville en février 1992, et à Barcelone pour les Jeux d'été. Quelle année…

Mon retour à Matignon dans le cabinet de Lionel Jospin, en 1997, correspond à la préparation de la Coupe du monde de 1998. Le 28 janvier, Jacques Chirac, président de la République, inaugure le nouveau Stade de France, le plus grand du pays, construit pour remplacer le Parc des Princes, trop petit. Ce jour-là, dans un froid polaire, la France bat l'Espagne 1 à 0 grâce à un but de Zinédine Zidane ; ce jour-là, je pense à la finale du Championnat d'Europe le 27 juin 1984, au Parc des Princes. Je me souviens de Jean Tigana, de Michel Platini, de Luis Fernandez, d'Alain Giresse, du but de Platini, de la France qui l'emporte 2 à 0 face à l'Espagne… Pour la première fois, nous sommes champions d'Europe. Pour la première fois, l'équipe de France conquiert un titre majeur. Je suis français, absolument français quand je regarde jouer cette équipe. Deux ans plus tôt, le 8 juillet 1982, j'ai souffert mille morts quand la France a été éliminée par l'Allemagne en demi-finale de la Coupe du monde après un match d'anthologie, la fameuse « nuit de Séville » dont se souviennent avec horreur tous les supporters de l'équipe tricolore. J'étais devant la télévision chez des copains italiens. Depuis, chaque fois que la France joue contre l'Allemagne, je pense à Séville.

En 1998, le moins qu'on puisse dire c'est que nous ne partons pas favoris. Le sélectionneur, Aimé Jacquet, suscite plus de doute que d'approbation. Personne n'y croit. J'accompagne Lionel Jospin au stade ; il adore le sport, et nous prenons tous les deux beaucoup de plaisir à assister aux matchs depuis les tribunes. Premier match, deuxième match, troisième match – la France gagne. Nous n'y croyons toujours pas. Le pays bascule assez tard : nous commençons à envisager que l'équipe de France puisse devenir championne du monde au moment de la demi-finale contre la Croatie, autrement dit presque à la fin de la compétition. J'assiste au match avec mes deux fils, qui ont sept et cinq ans. Lilian Thuram met deux buts, les seuls de sa carrière internationale. Le ballon circule dans l'équipe avec fluidité, Thierry Henry, Didier Deschamps, Zidane, ils donnent une image de la France dans ce qu'elle a de plus divers et de plus fraternel. Nous nous reconnaissons tous dans cette équipe, les fils d'immigrés comme les autres. Cette fois c'est possible ; on le dit, on l'entend : « On va gagner ! »

Le 11 juillet 1998, le cabinet de Lionel Jospin est en séminaire à Royaumont. Le Premier ministre et ses collaborateurs sont tous de bonne humeur. La cohabitation avec le président Chirac se passe sans heurts, la situation économique montre des signes d'amélioration, Dominique Strauss-Kahn a fait les bons choix budgétaires, Martine Aubry met en œuvre les emplois-jeunes et les 35 heures, le blocage du traité d'Amsterdam a été surmonté, la majorité est cohérente, les binômes gouvernementaux (Jean-Pierre Chevènement à l'Intérieur et

Élisabeth Guigou à la Justice, Jean-Claude Gayssot aux Transports et Dominique Voynet à l'Aménagement du territoire et à l'Environnement) font preuve d'efficacité. La fameuse Dream Team… Cette bonne ambiance, nous la retrouvons au Stade de France le 12 juillet, jour de la finale. Certes, nous jouons contre la meilleure équipe de tous les temps, le Brésil, mais nous sommes confiants. La France entière communie dans l'amour du foot.

Le match commence dans une ambiance folle. Je suis dans la tribune officielle, derrière Jacques Chirac. Le président n'est pas un amateur de foot, si j'osais je dirais qu'il n'y connaît rien, mais il manifeste sa joie avec un débordement d'enthousiasme chaque fois que la France marque un but. Il porte le maillot de l'équipe sous sa veste – personne n'est dupe, autour de Lionel Jospin : Chirac prépare 2002. Claude, sa fille, a senti la France s'emballer pour la Coupe du monde, elle a compris qu'il y avait une opportunité. C'est de bonne guerre. Pendant quatre-vingt-dix minutes, nous oublions le protocole et ses exigences. Notre bonheur de voir gagner cette belle équipe, but après but, emporte tout. Et un, et deux, et trois zéro ! Nous vivons ensemble un magnifique moment. Le fils du président du Brésil quitte la tribune avant la fin ; moi, je regarde à la dérobée deux invités du chef de l'État, l'acteur américain Gregory Peck et son épouse, une légende pour le cinéphile que je suis. Les années n'ont pas altéré mon souvenir.

Ensuite, il y a la nuit de liesse, partout en France, puis l'interminable descente des Champs-Élysées, les champions du monde sur leur bus à impériale acclamés par une foule en délire, l'arrivée à l'Élysée, le discours de Jacques Chirac, un véritable meeting. La victoire de la France, récupérée sans vergogne par le président, a largement contribué à donner un nouvel éclat à son image ; malgré tous les tracas judiciaires liés à la Mairie de Paris ou au financement du RPR, malgré la dissolution ratée et la défaite de la droite en 1997, malgré toutes les erreurs du septennat, il réussit à rester le « type sympa ». « Jospin aime le sport, Chirac aime les sportifs », résumera très justement Michel Platini. Et les photos du président de la République, souriant, détendu, heureux, au milieu des joueurs d'une équipe de France black-blanc-beur, face à un Jospin raide, austère, crispé souvent, jouent en sa faveur. Il pose avec ce que la France a alors de plus collectif, de plus accueillant, de plus généreux – son équipe de foot. En 2000, cette équipe-là remporte aussi l'Euro.

C'est à cet instant que nous nous sommes trompés, collectivement. Nous avons voulu faire porter par ce sport, par ces joueurs, un message qui les dépassait. Ils étaient la diversité, certes. Mais cette diversité s'arrêtait au terrain de jeu. Elle n'était nulle part ailleurs, en tout cas pas à l'Assemblée ni au gouvernement. Cette diversité était restée à la porte du monde politique. Convaincus que la France était à l'image de son équipe de foot, nous nous sommes enfermés dans une illusion. La chute est brutale, le 8 octobre 2001. La France joue contre l'Algérie, une rencontre amicale voulue et organisée par Zidane ; pour lui, fils d'Algérien, fils de la Castellane, quartier populaire de Marseille, fils de l'école républicaine, le symbole a du sens. C'est un événement politique, pas un événement sportif ; il devient un exutoire, comme la finale de 1998 avait servi de facteur de cohésion. Le public, essentiellement jeune, d'origine algérienne, siffle *La Marseillaise*, avant d'envahir la pelouse à la 76e minute. Zizou, un type exceptionnel, un modèle pour une génération de gamins, voulait rapprocher deux peuples et apaiser les blessures de la guerre d'Algérie ; ce match exacerbe le fossé qui s'est creusé, pas entre deux pays, pas entre deux cultures, mais bien entre les jeunes Français. Nous pensions avoir réussi l'intégration. Nous mesurons soudain à quel point notre échec est flagrant. La France « plurielle », où chacun aurait sa place, où tous les Français auraient les mêmes chances, se brise sur ce match contre l'Algérie. Une forme de haine à l'égard de la France s'est exprimée. Trois ans après le mirage de la Coupe du monde, le foot nous renvoie l'image terrible d'une société éclatée. En 2010, le triste épisode de Knysna, en Afrique du Sud, accentue la caricature. Il faut attendre vingt ans, et la victoire de la France au Mondial de 2018, pour que le succès de l'équipe de France, celle de Kylian Mbappé et de Didier Deschamps, soit regardé pour ce qu'il est, le succès d'une équipe de foot, sans autre portée symbolique démesurée. Zidane quittera l'équipe de France et arrêtera sa carrière de joueur en 2006 après son célèbre coup de tête à Marco Materazzi, sublimé par l'œuvre artistique d'Adel Abdessemed, un autre Franco-Algérien. Il est aujourd'hui un grand entraîneur et il reste à mes yeux une personnalité exceptionnelle.

Je suis un élu de banlieue. Je ne découvre pas ce problème en 2001, au moment du match France-Algérie ; mais j'avoue que je me suis un peu laissé aveugler par le beau symbole de 1998. Pourtant, dès 1988, dix ans auparavant, en arrivant à Argenteuil où je veux me faire élire, je vois la délinquance, la violence, la drogue, le surgissement de l'islam politique. Pour moi, à l'époque, c'est une nouveauté. Je viens d'un quartier populaire, je suis un enfant d'immigrés, mais la question de l'intégration ne s'est jamais posée ; je suis français, ce n'est même pas une question, je suis français comme mon meilleur ami, Giosellino, lui fils d'Italiens, des Napolitains, enfant d'une famille nombreuse logée dans un appartement à la limite de l'insalubrité là où se dresse aujourd'hui l'Opéra Bastille. À l'école, il est le meilleur. Jamais nous ne nous sommes interrogés sur notre appartenance à la communauté nationale, tant elle allait de soi. Pour toutes ces raisons, je reste persuadé que l'apprentissage de la langue, la connaissance de l'Histoire de France, l'accès à la culture sont toujours des leviers puissants pour adhérer à la République.

Nous, responsables politiques, n'avons que trop tardé. La Marche des beurs, en 1983, premier mouvement pour l'égalité et contre le racisme, aboutit à une impasse ; aucune figure politique issue de la diversité n'intègre le gouvernement de Laurent Fabius. Plus tard, François Mitterrand se sert de SOS Racisme contre l'extrême droite ; mais si ce mouvement connecte avec la jeunesse, il ne noue pas le lien avec la banlieue. Malek Boutih, président de SOS de 1999 à 2003, incarne parfaitement, à mes yeux, le tournant laïque et républicain de cette génération. Rien n'y fait ; elle restera, comme les précédentes, à l'extérieur du gouvernement de Lionel Jospin. Nicolas Sarkozy ouvre la porte, en nommant Rachida Dati ministre de la Justice. Pourtant, même si elle vient d'une famille défavorisée, même si elle représente le succès de la méritocratie républicaine, Rachida Dati n'a pas, peut-être à tort, valeur de modèle pour la jeunesse des banlieues, en tout cas pas à cette époque. Et en 2012, lorsque François Hollande arrive au pouvoir, il est sans doute trop tard. Certes, il s'appuie, pour gouverner, sur la diversité française, et sur de vrais talents : Najat Vallaud-Belkacem n'est-elle pas la première femme ministre de l'Éducation nationale ? Hélas, le sujet n'est plus celui des symboles ; la représentativité a perdu sa valeur salvatrice. La rupture, la fracture sont en partie consommées depuis les émeutes de 2005, trois semaines de violences après la mort de deux adolescents électrocutés à Clichy-sous-Bois, trois semaines d'émeutes urbaines qui font vaciller l'ordre républicain dans les quartiers. Je les vis en première ligne à Évry. Plus l'État s'est désengagé, plus les pouvoirs publics ont baissé les bras, plus des élus ont renoncé à défendre les valeurs républicaines, plus nous avons laissé le champ libre à l'islam radical, qui a prospéré aussi sur ce terreau de pauvreté, de chômage et de désespérance. Nous avons tourné autour du pot, éludé, repoussé, refusé de nommer. Nous en payons le prix fort.

CHAPITRE 9

Luisa

Je n'ai jamais su parler de ma mère. Toujours, j'évoque mon admiration pour mon père, pour sa peinture, pour son esprit, pour sa culture. Disparu en 2006, cet homme adorait la polémique, la confrontation. En société, il dégageait un charisme inouï. Comme souvent chez les artistes, cette force dissimulait une immense fragilité, qui se révélait dans la solitude de son atelier. La sérénité qui se dégage de ses tableaux ne dit rien de ses tourments devant la toile. Ma mère, seule, savait l'apaiser. Quand j'étais enfant, notre vie familiale tournait autour du travail de mon père et du dévouement de ma mère. La seule grande pièce de notre appartement du Marais lui offrait une vue unique sur la Seine et Notre-Dame ; elle lui servait d'atelier – la lumière de Paris y était si belle. Il nous imposait le silence tout le jour du lundi au samedi mais le soir et le dimanche, on discutait, on se disputait. « Le Masque et la Plume », sur France Inter, donnait lieu entre nous à d'interminables débats. Lorsque mes parents recevaient des amis, nous échangions en français, catalan, espagnol, italien, et les discussions duraient des heures… Tout était passion.

Mon père était un esprit libre. Plutôt conservateur, dans la tradition de la bourgeoisie catalane, soucieux d'être vouvoyé par ses enfants, mais attentif au monde, curieux des autres et surtout jamais dogmatique, il a conservé jusqu'à sa mort, en toile de fond de sa réflexion sur la condition humaine, la guerre civile espagnole et les déchirements fratricides du camp républicain à Barcelone. De toutes ses forces, il a rejeté le totalitarisme, celui de Franco comme celui de Staline. Sans mon père je n'aurais jamais lu Koestler, *Un testament espagnol*, *Le Zéro et l'Infini*, ni Soljenitsyne, *L'Archipel du Goulag*, ni Orwell, *Hommage à la Catalogne*. Ces livres ont fait plus pour mon éducation politique que n'importe quelle réunion militante. Presque quinze ans après sa mort, mon père me manque toujours autant.

Je n'ai jamais su parler de ma mère et je continue d'hésiter, de repousser le moment. Les premiers mots qui me viennent à l'esprit pour la décrire ne sont pas les miens ; ce sont ceux de ma sœur Giovanna, qui la présente si bien dans son livre *Accrochée à la vie*, paru chez Lattès en 2015 : « Une femme ouverte, aux yeux bleus, au teint pâle, avec un mélange d'orgueil et de goût extrême de la vie, le pouvoir de saisir les expériences et de les faire tourner dans la lumière. » À vingt ans, ma mère a changé de vie ; comme sa grand-mère, partie avec sa famille tenter l'aventure en Californie à la fin du XIXe siècle ; comme son propre père, fou d'Afrique, qui a vécu en Sierra Leone jusqu'à sa mort. Il y a même fondé une autre famille : nous avons découvert après sa mort l'existence de son fils, mon oncle, un Africain. À son tour donc, ma mère a changé de vie. Elle a changé de pays, elle a changé de métier, elle a changé de culture pour rejoindre mon père à Paris, contre l'avis de ses parents, contre la rigidité d'une société qui voyait d'un mauvais œil la liaison d'une jeune femme avec un homme de quinze ans son aîné. À l'époque, elle était institutrice dans les montagnes tessinoises. Elle y a renoncé pour la bohème parisienne, avec un artiste qui vivait à peine de sa peinture. Il en fallait, du courage, pour défendre cet amour-là. Luisangela, dite Luisa, a été la compagne, la muse, le modèle de Xavier Valls. Mais pas seulement ; elle a été pour nous, Giovanna et moi, une mère aimante, attentive, complice, qui a veillé sur les devoirs, qui a accompagné les sorties, qui a trouvé les mots pour apaiser nos frayeurs d'enfants.

Lorsque ma sœur est tombée dans l'héroïne, ma mère ne lui a jamais lâché la main. La drogue, pour la famille, pour Giovanna, ce sont de longues années de souffrance. Elle a menti, volé, elle a connu la prison, la déchéance morale, la déchéance physique aussi – au pire moment de son addiction, ma sœur pesait à peine 35 kilos. Elle a chuté, elle s'est relevée, elle a chuté encore, plus bas chaque fois… La dépendance est le plus terrible des enfermements. Nous étions tous persuadés qu'elle allait y laisser sa peau. Et puis un jour, malgré le sida qu'elle a contracté pendant ses années de galère, Giovanna a décidé de vivre. Elle s'est soignée. Elle est partie au Brésil pour se reconstruire. Je l'admire d'avoir gagné cette bataille contre elle-même, la plus dure à mener. Elle s'en est sortie. Mon père, brisé par le mal-être de sa fille et par un sentiment d'échec insupportable, s'était éloigné. Giovanna a su renouer les liens. Ils se sont pardonné l'un à l'autre ; ma sœur l'a accompagné dans les derniers instants de sa vie, forte de cette paix retrouvée. Aujourd'hui, elle vit dans la demeure familiale de Barcelone. C'est une femme apaisée.

Encore une fois, j'ai détourné mon attention. Mon père, ma sœur… Pourquoi est-ce si compliqué de parler de ma mère ? De grands écrivains ont eu des mots merveilleux sur la leur : Romain Gary dans *La Promesse de l'aube*, Albert Cohen dans *Le Livre de ma mère*. Pourquoi ai-je tant de difficultés à trouver les miens, alors que je n'ambitionne évidemment aucune prouesse littéraire à cette mesure ? Une forme de pudeur, sûrement ; l'inquiétude de n'être « pas assez », ou au contraire d'être « trop », ou… je ne sais pas. Comment vaincre mes propres réticences, refuser qu'elles me condamnent au silence ? De nouveau, les mots d'un autre s'imposent à moi, ceux de Paul Éluard : « Le tout est de tout dire et je manque de mots / Et je manque de temps et je manque d'audace ».

Luisa est une femme merveilleuse. Sa confiance et son optimisme m'ont été précieux lorsque, adolescent, je cherchais ma voie. Ma mère m'a encouragé, soutenu, protégé. J'ai voulu être français ? Elle m'a compris. Je me suis engagé en politique, j'ai négligé parfois mes études ? Elle m'a défendu. J'ai quitté Paris pour la banlieue ? Elle m'a aidé. J'ai quitté la France pour l'Espagne ? Elle m'a approuvé. J'ai divorcé deux fois ? Elle a veillé sur mes enfants. Ma mère ne juge pas, ne reproche pas. Elle est là, tout simplement. Une seule fois, elle s'est montrée intraitable, exigeant que j'abandonne la pratique intensive des échecs ; le jeu me conduisait à un désastre scolaire annoncé. Aujourd'hui c'est une belle-mère tendre et complice avec Susana et une grand-mère merveilleuse pour mes fils, Benjamin, Ugo, Joachim, et pour ma fille Alice. Fidèle à la tradition estivale de Barcelone, où elle passe les mois d'été avec ma sœur ; fidèle aussi à l'œuvre et à la mémoire de mon père, qui l'attache à Paris de manière indéfectible : la galerie Claude Bernard, l'appartement du Marais, l'atelier, la vue sur la Seine… Elle aime la musique, la lecture, le mélange des cultures qu'elle sait si bien traduire en cuisine autour d'un risotto ou d'un plat de cannellonis.

Ma mère est quelqu'un d'extraordinaire, comme ne le montrent pas ces clichés d'une banalité qui ne m'échappe pas. Plus je cherche à la raconter, moins je trouve les phrases qui diraient sa vérité. Et pourtant je ne serais pas le Français que je suis sans Luisa, Italienne, Suisse, Espagnole aussi, étrangère à la médiocrité et à l'étroitesse d'esprit. En 2015, elle a participé à un documentaire sur mon parcours politique réalisé par le journaliste Franz-Olivier Giesbert pour France 3 ; elle y apparaît radieuse, tout intimidée par la caméra, fière de parler de moi, un enfant à la fois tranquille et intrépide, doux et conquérant à la tête de sa bande de copains. J'ai été très touché par ses souvenirs, très ému de l'entendre, au fond, dire à quel point elle aimait son fils. Nous sommes des adultes si peu démonstratifs… Je tiens de ma mère une ardeur à vivre. Je tiens de ma mère un optimisme qui me pousse à aller de l'avant, quelle que soit la dureté des épreuves. Je tiens de ma mère le courage et l'opiniâtreté, deux qualités sans lesquelles je n'aurais pas eu la carrière politique qui est la mienne.

Bref, j'ai parlé de ma mère.

CHAPITRE 10

Les attentats

Janvier 2015 – juillet 2016. Dix-huit mois terribles. Cette période de terreur, de larmes et de sang commence le mercredi 7 janvier par le massacre de *Charlie Hebdo* ; elle se termine le 26 juillet avec l'assassinat du père Jacques Hamel, égorgé dans son église. Entre-temps, il y a eu les tueries du 13 novembre, une série de fusillades meurtrières perpétrées par des commandos suicides au Bataclan, dans des rues de Paris et autour du Stade de France ; il y a eu l'assassinat des policiers, la prise d'otages de l'Hyper Cacher, la décapitation d'un entrepreneur à Saint-Quentin-Fallavier, l'attaque du Thalys, la tuerie de Magnanville, et beaucoup d'autres attentats que nous réussissons à déjouer ; il y a eu l'épouvantable massacre au camion à Nice, le 14 juillet. En dix-huit mois, le djihad, la guerre sainte au nom de l'islam, s'est imposé sur le sol français. Mais aussi à Copenhague, Bruxelles, Berlin, Tunis… Une organisation terroriste s'en réclame : l'État islamique – c'est à dessein que je n'emploie pas le terme Daech, acronyme de l'État islamique, que Laurent Fabius, alors ministre des Affaires étrangères, nous demande d'utiliser pour éviter toute confusion avec l'islam. Absurde. Ne pas nommer clairement l'agresseur, redouter les mots, c'est commencer à lui céder du terrain, alors que nous le combattons chez nous, mais aussi au Levant et au Sahel.

Au gouvernement nous sommes dans l'action, nous avons un devoir d'efficacité, un devoir vital. Nous avons pris la mesure de la menace, renforcé les moyens des forces de sécurité et du renseignement. Nous avançons. Malgré cela, je l'écris aujourd'hui avec le recul, c'est aussi l'année des occasions ratées. À deux reprises, en janvier et en décembre, le président aurait pu prendre des initiatives majeures, imposer l'union nationale. Or François Hollande ne le tente pas, ou si peu – les querelles politiciennes l'emportent. En France, tout change ; au sommet de l'État et dans la vie politique, rien ne bouge. Rien ne sera plus jamais comme avant, mais la violence du traumatisme ne bouleverse pas aussi profondément qu'elle le devrait la structure même du pouvoir en place.

Chacun se souvient de l'endroit où il était quand il a appris la tuerie de *Charlie*. Moi je suis à Matignon, dans la salle du Conseil ; je finis de présenter à la presse, avec la ministre de la Culture Fleur Pellerin, la réforme des intermittents du spectacle. Je veux réconcilier la gauche et le monde de la culture, scandalisé par les coupes budgétaires des années précédentes. Je suis satisfait de commencer l'année par ce dossier, que je juge emblématique et qui me tient particulièrement à cœur. Vers la fin de la conférence, je sens une agitation dans la salle ; au même moment, l'un de mes conseillers m'avertit d'une fusillade dans les locaux de *Charlie Hebdo*. Je comprends immédiatement la gravité de ce qui se passe : depuis longtemps, presque dix ans, depuis que l'hebdomadaire satirique a reproduit les caricatures du Prophète publiées dans la presse danoise, les journalistes de *Charlie* font l'objet de menaces de mort. Ce sont des menaces sérieuses, je le sais ; j'ai en tête l'exemple de l'ex-parlementaire néerlandaise d'origine somalienne, Ayaan Hirsi Ali, aujourd'hui citoyenne américaine, qui a vécu sous protection policière aux Pays-Bas pour avoir critiqué l'islam radical. Le cinéaste Theo van Gogh avait adapté son pamphlet ; il est mort assassiné, égorgé par un islamiste.

Je monte dans mon bureau. Le président, prévenu par l'urgentiste Patrick Pelloux, s'est tout de suite rendu sur place. Les tueurs sont en fuite, on a très peu d'informations, c'est dangereux – rétrospectivement, nous avons tous commis beaucoup d'imprudences ce jour-là. Aux États-Unis, jamais nous n'aurions pu nous approcher si vite et si près des lieux du massacre. On ne comprend pas tout de suite qu'une partie de la rédaction de l'hebdomadaire a été décimée. Ensuite c'est un choc terrible, même si, depuis les attentats de mars 2012 perpétrés par Mohamed Merah à Montauban et à Toulouse contre des militaires et une école juive, je redoute ce type d'attaque. Les journalistes de *Charlie* sont des visages familiers, Wolinski, Cabu, les Français sont profondément bouleversés. Au-delà de l'attentat, le symbole est fort : la liberté d'expression est l'une des valeurs fondamentales de la République ;

des journalistes sont morts pour l'avoir exercée. Plus tard, la terreur l'emportera sur l'émotion ; le 7 janvier, ce n'est pas encore le cas. Les rassemblements sont spontanés. Les Français ont besoin d'être ensemble, de montrer au monde qu'ils sont unis contre la barbarie. L'idée d'une immense manifestation s'impose dès le soir de l'attentat.

Avec le président, nous décidons, à l'issue du Conseil de défense, de tout centraliser à l'Élysée. Nous travaillons en parfaite intelligence, précis et concentrés. Notre obsession, à tous : être le plus efficace possible dans la traque qui commence. Nous recherchons deux terroristes en fuite. Je m'installe à Matignon, alors que depuis ma prise de fonction je continue de vivre chez moi, dans mon appartement parisien du XIe arrondissement. J'habite juste à côté de l'endroit où un policier, Ahmed Merabet, a été abattu, j'irai d'ailleurs dès le mercredi dans le commissariat où il travaillait. L'émotion de ses collègues me bouleverse. Je me rends ensuite dans les locaux de *Charlie*. Sur place, les enquêteurs me proposent de monter sur les lieux où les journalistes et un officier de sécurité ont été assassinés. J'hésite à peine, bien que leurs corps soient toujours sur place : j'ai besoin de voir la réalité du massacre. Cette abomination ne peut pas rester virtuelle. Je veux me confronter au réel. Les locaux sont exigus. Dans la pièce, la violence est palpable au-delà du silence, de l'odeur du sang, des visages détruits. Ce ne sont pas seulement des vies qui ont été ôtées, ce sont des esprits qu'on a voulu effacer. J'en garde un souvenir à la fois éprouvant et nécessaire. Cet attentat fait partie de moi, dans tous les sens du terme. Il est dans ma tête. Je sais contre quoi je me bats, et ce n'est pas un vain mot.

Ce matin du 8 janvier, je suis invité sur France Inter. La rédaction a perdu un journaliste, Bernard Maris, beaucoup de visages sont en larmes. Je le connaissais bien moi aussi. Je suis atteint, en colère, très inquiet de l'avenir. Et je m'en prends avec des mots très durs à Michel Houellebecq, interviewé la veille sur l'antenne à propos de son dernier livre, *Soumission*, qui imagine le chef d'un parti musulman prenant le pouvoir en France en 2022 : « Ce que dit Houellebecq ce n'est pas la France. » Aujourd'hui, je regrette d'avoir eu ces mots. De quel droit puis-je décider de ce qui est la France et de ce qui ne l'est pas ? J'ai eu tort. Son livre est dérangeant, mais c'est son droit. En quittant le studio, j'apprends qu'une policière municipale, Clarissa Jean-Philippe, a été tuée à Montrouge. Personne ne fait alors le lien avec l'attentat de *Charlie*. Les frères Kouachi sont repérés dans l'Oise, puis en Seine-et-Marne. Très vite, nous sommes confrontés à un vrai problème, qui va durer : les chaînes qui diffusent quasiment en temps réel toutes nos informations. Or un homme se cache dans l'imprimerie où se sont réfugiés les deux frères. Il risque sa vie.

Le vendredi 9, avec Fleur Pellerin, nous tenons à aller saluer les survivants de la tuerie de *Charlie*, hébergés par *Libération* pour préparer un numéro post-attentat. Ils sont encore sous le choc, obnubilés par l'idée de continuer, de ne pas céder à la terreur. Le cordon de sécurité rue Béranger est impressionnant. L'ambiance est électrique. Sortie de nulle part, une petite dame m'interpelle sur les corridas ; je l'entends encore me lancer : « C'est bien pire que *Charlie* ! » Un instant surréaliste. En quittant les lieux, je reçois un appel de ma femme, Anne, violoniste, qui répète dans un studio du XIIe arrondissement. Tandis qu'elle m'alerte sur une agitation inhabituelle vers la porte de Vincennes, Bernard Cazeneuve me téléphone : une prise d'otages est en cours dans un supermarché. Paris est bloqué par un embouteillage monstre... Je retrouve Bernard à l'Élysée, où nous passerons des heures angoissantes avec Christiane Taubira et le président. Nous devons décider, avec les responsables des forces de sécurité, où intervenir ; il faut choisir entre le supermarché parisien et l'imprimerie où se sont retranchés les deux terroristes. Ce sera l'Hyper Cacher : il y a déjà quatre morts parmi les otages, et la vie des autres est menacée. En dernier ressort, c'est le chef de l'État qui donne le signal de l'intervention, mais nous assumons tous la décision, et ses possibles conséquences. En regardant la fiche de l'assaillant, je découvre que je le connais ; Amedy Coulibaly vient de l'Essonne, il a été impliqué dans des émeutes urbaines quelques années plus tôt. Je me souviens de son visage, il est violent, dangereux. Pendant que nous évoquons le déroulement de l'opération parisienne, les deux frères sortent de l'imprimerie les armes à la main. Ils sont abattus par les gendarmes du GIGN. Nous devons donc absolument couper le lien de Coulibaly avec l'extérieur, nous redoutons que la mort des Kouachi ne le pousse à commettre un autre massacre. L'attente est interminable. Enfin, les policiers du RAID et de la BRI interviennent. Très vite, Coulibaly est neutralisé.

À cet instant, nous sommes soulagés, immensément soulagés, que les trois terroristes aient été mis hors d'état de nuire. Hollande, Cazeneuve et moi nous nous embrassons. Cette fraternité dans le drame reste l'un des beaux moments que nous avons partagés.

Tout à notre émotion que cette séquence sanglante soit terminée, nous ne percevons pas, le jour même, toute la dimension antisémite de l'attentat de la porte de Vincennes. Le matin du samedi 10 janvier, je suis encore satisfait d'avoir évité le pire. À Évry, le maire Francis Chouat, ami fidèle, qui m'a succédé, présente ses vœux. À ses côtés, j'accueille les invités un par un, les gens nous remercient, ils saluent le travail des gendarmes et des policiers. Je prononce un discours sur ce qu'est la France, j'exalte le travail des forces de l'ordre et je suis très applaudi. Même ambiance en fin de journée à Courcouronnes, mêmes applaudissements. Mon cabinet m'avertit alors qu'une foule s'est rassemblée porte de Vincennes, que la ministre de la Justice y est conspuée. Immédiatement, je quitte l'Essonne pour Paris. Et là, dans la foule, alors que je m'avance pour dialoguer avec les manifestants, je découvre des hommes et des femmes en larmes, terrifiés, ulcérés que les médias n'insistent pas davantage sur l'antisémitisme revendiqué de l'attaque. C'est à cette occasion que je vais leur dire : « Sans les Juifs de France, la France n'est pas la France. » Ma manière de répondre à une déclaration incendiaire de Benjamin Netanyahu, qui a incité les Français juifs à fuir le pays pour rejoindre Israël. Je le répéterai le lendemain, pendant la cérémonie d'hommage à la grande synagogue de la rue de la Victoire, en présence de Netanyahu. Je le redirai avec force à l'Assemblée nationale, le 13 janvier.

En attendant nous sommes épuisés, physiquement et émotionnellement. Il faut être partout à la fois, montrer notre détermination dans les médias. L'organisation de la marche républicaine du 11 janvier prend du temps ; sous l'impulsion d'Angela Merkel, tous les chefs d'État et de gouvernement veulent y participer. Nous en compterons plus de cinquante-six. Il faut gérer la présence du Premier ministre israélien et du président de l'Autorité palestinienne, les demandes des uns, les exigences des autres. Un seul manque à l'appel : Barack Obama. Le président des États-Unis a tout simplement refusé de venir, sans un mot d'explication. Je suis convaincu qu'il ne souhaite pas voir son nom, ni personne de son équipe, associé à celui de *Charlie Hebdo*. Encore aujourd'hui, je n'y pense pas sans colère. En revanche, le président du Mali, Ibrahim Boubacar Keïta, est là. IBK, que je connais depuis longtemps, incarne ce jour-là la lutte contre le terrorisme et le choix décisif de François Hollande d'envoyer nos soldats pour empêcher les islamistes de s'emparer de ce pays d'Afrique de l'Ouest. Le dimanche 11 janvier, Hollande accueille tous ses homologues à l'Élysée. Avant de monter dans le bus qui doit les conduire place de la République, Netanyahu demande si les vitres sont blindées. François me regarde. Je mens : « Bien sûr ! » Pendant ce temps, Carla Bruni-Sarkozy montre à la chancelière Angela Merkel les photos de sa fille sur son portable… Le bus traverse Paris dans un silence impressionnant, imposant, rompu seulement par moments par *La Marseillaise*. La foule est compacte, immobile. Puis nous prenons la tête de la manifestation qui avance sur quelques centaines de mètres. Avec Hollande et Cazeneuve, nous saluons la rédaction de *Charlie* et les familles des victimes. François trouve les mots et les gestes, à la fois sincère, profond, fraternel. Les policiers sont applaudis tout le long du cortège. Quel élan ! Un peuple solidaire, debout, des flics célébrés sous un seul drapeau, le drapeau français bleu blanc rouge. Ce jour-là, Paris est la capitale du monde et de la liberté.

Et pourtant. Janvier 2015, ce n'est pas seulement l'unité nationale, c'est aussi la fracture qui se creuse. Le 11, jour de la manifestation, les RER vers Paris sont bondés, mais pas par les habitants des cités. À Évry, les élus et mes collaborateurs m'alertent sur l'incompréhension des musulmans ; ils ont été heurtés, meurtris par les caricatures de *Charlie*, et ils redoutent à présent d'être stigmatisés, eux qui, pour beaucoup, refusent de s'associer à l'hommage rendu aux journalistes, aux policiers et aux Juifs tués au cours des attaques. Toute une partie de notre jeunesse est en crise. De nombreux élèves ne respectent pas la minute de silence en hommage aux victimes des actes terroristes. Nous réagirons avec fermeté mais, cette année-là, des centaines de jeunes quitteront la France pour rejoindre la Syrie et l'organisation de l'État islamique. Je sens les tensions communautaires qui s'exacerbent. Je me souviens d'une discussion avec des journalistes de *Charlie* qui vivent en banlieue et qui me disent leur frayeur irrationnelle lorsqu'ils croisent des Maghrébins. Dans certains quartiers, deux France communiquent de plus en plus difficilement. La République souffre.

Dans ce contexte, le discours que je prononce devant les députés le 13 janvier marque les esprits. D'une certaine manière, c'est mon troisième discours de politique générale… Bien sûr, il y a les mesures annoncées. Bien sûr, il y a l'hommage aux victimes et aux forces de l'ordre, la dénonciation sans concession du poison de l'antisémitisme et la condamnation des actes perpétrés contre les musulmans. Je nomme l'ennemi, l'islamisme, j'affirme que nous sommes en guerre. Je n'esquive aucun des défis. Mais toute la conclusion parle de moi, fils d'Espagnol, natif de Barcelone, élevé dans les valeurs de la République, fier d'être français. J'exalte la laïcité. Je suis applaudi par tout l'hémicycle ; une partie de mes collaborateurs est en larmes. Il se passe quelque chose dans la représentation nationale. Il se passe quelque chose et puis… plus rien. Le retour à la politique traditionnelle. La vie reprend comme avant. Que je regrette l'inertie du président de la République, sa frilosité, alors qu'il était de nouveau populaire, porté par le vent de l'unité nationale ! C'était le moment de renverser la table – au moins d'essayer. François Hollande aurait dû profiter de « l'esprit du 11 janvier », comme on l'a appelé à l'époque, et que j'ai, moi, cherché à cultiver, en vain. Je reste convaincu que nous avions les moyens d'écrire une nouvelle page de l'histoire de notre pays. Mais François ne fait rien.

Nicolas Sarkozy, obsédé par sa revanche, s'oppose à toute démarche d'unité. Malgré une menace terroriste permanente, la tactique politicienne reprend ses droits. La loi Macron pour la croissance, les polémiques autour de l'utilisation du 49-3, les élections cantonales, le congrès du PS, la campagne pour les élections régionales…

Nous sommes en novembre 2015. Le 13, je décide de ne pas me rendre au Stade de France, de regarder le match amical France-Allemagne chez moi. Je suis épuisé après un déplacement à Dijon ; je me suis disputé avec Anne, notre couple se dégrade. Tout est compliqué. Soudain, c'est la vie qui bascule. François Hollande me prévient : il y a eu une explosion à l'extérieur du Stade, où il assiste au match dans la tribune officielle. Je passe immédiatement sur une chaîne d'info, à l'instant où mon téléphone sonne. Une voix, blanche, que je n'identifie pas immédiatement. Pourtant, je connais bien mon interlocuteur – il écrit un livre sur le président de la République. C'est le journaliste Gérard Davet. Il habite au-dessus du restaurant La Belle Équipe : « Manuel, ça tire à la kalachnikov en bas ! » Je comprends que l'attaque tant redoutée par nos services de renseignement, sur plusieurs sites à la fois, a commencé. Les fusillades font de nombreuses victimes dans plusieurs restaurants du Xe et du XIe arrondissement. Les terroristes ont aussi pris d'assaut une salle de spectacle du quartier, le Bataclan. C'est un carnage. Les différents commandos, qui se revendiquent de l'État islamique, font 130 morts en quelques heures. Il ne s'agit plus de journalistes, de Juifs ou de policiers, tués pour ce qu'ils incarnaient ; cette fois, tous les Français sont touchés, au hasard, et pour la plupart des gens jeunes. Notre mode de vie est attaqué. Notre civilisation est frappée au cœur. Je connais certaines des victimes, notamment Victor, né à Barcelone comme moi, fils de Dominique et José, des militants socialistes, des amis. Dans les jours qui suivent, l'ambiance n'est pas du tout la même qu'en janvier. Au cours d'une cérémonie éprouvante aux Invalides, nous rendons hommage aux victimes. Je reste marqué par mes visites aux blessés, des vies et des corps brisés. Il n'y a pas de manifestation, mais de la sidération, de l'abattement, et la très grande angoisse d'une menace invisible, constante. Nous mettons en œuvre l'état d'urgence. Il sera prorogé jusqu'en 2017.

Évidemment, la campagne pour les élections régionales de décembre s'arrête. Mais le scrutin a bien lieu. Le PS résiste mieux que prévu. Je sais les risques, dans ce contexte terroriste, pour notre démocratie. Au lendemain du premier tour, je demande aux électeurs de gauche de faire barrage à Marine Le Pen partout où le Front national est en mesure de l'emporter ; je vais même plus loin : j'appelle clairement à voter pour trois personnalités de la droite républicaine, Christian Estrosi dans le Sud, Xavier Bertrand dans le Nord et Philippe Richert dans l'Est. Ils m'en sauront gré ; j'ai gardé avec eux une belle relation. Dans leurs régions, le PS, et c'est à son honneur, retire ses listes. Mais l'union nationale ne dépasse pas notre quatuor. De nouveau, c'est le temps des occasions perdues, alors que de nouveau nous aurions pu profiter de vents favorables, comme le succès de la COP21 que nous avons maintenue – et cette fois-ci Obama est venu. Personne ne veut d'un gouvernement de rassemblement, ni François Hollande, ni Nicolas Sarkozy. Les discussions discrètes qui ont été engagées, avec la complicité de Jean-Pierre Raffarin et de mon ami Jean-Marie Le Guen, se terminent en eau de boudin. Personne ne prend d'initiative forte. De mon côté, je n'ai pas le courage de mettre ma démission sur la table pour provoquer l'électrochoc désiré. Je suis aveuglé par Emmanuel Macron, la compétition qu'il est en train d'installer insidieusement depuis Bercy. Le 21 novembre, il affirme que la société française doit assumer une part de responsabilité dans le « terreau » sur lequel le djihadisme a pu prospérer. Je ne supporte pas cette culture de l'excuse. Je le tacle fermement. Mais à mes yeux c'est une simple prise de parole maladroite ; je refuse d'écouter ceux qui, parmi mes amis, me font part de leurs inquiétudes, persuadés que Macron se prépare pour l'élection présidentielle. Ils ont absolument raison : il ne s'agit pas d'une maladresse, mais bien d'une vision de la société, une vision libérale-libertaire, très américaine et assez communautariste. En creux, Macron se construit déjà contre moi, contre mon républicanisme qu'il ne va pas tarder à taxer de « laïcard et autoritaire ».

Au lendemain des attentats, tout s'emballe. Un congrès est organisé en trois jours. Le 16 novembre, le président, qui veut frapper fort devant l'Assemblée et le Sénat réunis à Versailles, annonce plusieurs mesures, parmi lesquelles l'inscription dans la Constitution de la déchéance de nationalité pour les personnes plurinationales condamnées pour des actes terroristes. J'ai des doutes sur cette mesure, d'autant que la procédure est déjà inscrite dans notre droit. En 2015, avec Bernard Cazeneuve, nous l'avons appliquée à cinq individus impliqués dans les attentats de Casablanca en 2003, sans que cela suscite la moindre polémique. Depuis, d'autres déchéances ont été prononcées. Pour autant, je ne pense pas qu'il s'agisse d'une faute politique, et le soutien des Français est massif. Soucieux de s'assurer celui de la droite, François Hollande est clair devant les parlementaires : « Nous devons pouvoir déchoir de sa nationalité française un individu condamné pour une atteinte aux intérêts fondamentaux de la nation ou un acte de terrorisme, même s'il est né français – je dis bien même s'il est né français, dès lors qu'il bénéficie d'une autre nationalité. » Difficile de renoncer. Le zigzag me semble impossible en un tel moment. Or, après le 16 novembre, François n'en reparle plus. Pas une fois ! Je suis stupéfait. Un chef de l'État qui annonce une réforme constitutionnelle devant l'ensemble des parlementaires, devant les millions de Français qui ont écouté son discours retransmis en direct sur toutes les chaînes, qui la fait adopter en Conseil des ministres le 23 décembre, et qui ensuite ne l'assume pas, ce n'est pas banal. Me voilà donc seul au front pour défendre la réforme. Pour aller au bout.

Les socialistes se déchirent. Christiane Taubira démissionne avec fracas. À la suite de l'obstruction du Sénat, le chef de l'État renonce. Fin de l'histoire, mais j'ai le sentiment d'avoir pris tous les coups – j'avoue, j'en ai cherché certains. Et ce n'est pas fini : sitôt la déchéance abandonnée et un remaniement ministériel raté, le gouvernement présente la loi travail, une loi à laquelle, avec Emmanuel Macron, nous avons donné une impulsion particulièrement libérale, assouplissant les règles du marché pour favoriser les embauches. Nouvelle colère des socialistes. Cette fois, sous la pression conjuguée du PS et de la CFDT, nous devons revoir la copie. Je dis « nous », quelle erreur ! Face à la contestation, le ministre de l'Économie se met en effet... aux abonnés absents. Comme le chef de l'État avec la réforme constitutionnelle ; à moi, encore, d'engager un bras de fer avec les frondeurs. J'en sors rincé, en dépit de l'aide précieuse de Myriam El Khomri et la loyauté de Laurent Berger ; le patron de la CFDT assume la réforme avec le courage et le sens des responsabilités qui le caractérisent. Utilisation répétée du 49-3, manifestations violentes – le 17 juillet 2016, je serai même conspué, hué par l'extrême droite pendant la cérémonie d'hommage aux victimes de l'attentat de Nice. Dans l'opinion mon image se dégrade, se durcit. Bientôt, j'atteindrai des sommets d'impopularité.

On ne refait pas l'Histoire. François ne voit pas venir Macron, il n'écoute pas ceux qui le mettent en garde quand celui-ci lance son mouvement. Le 12 juillet, après son discours à la Mutualité, je demande au président d'exercer son autorité et de le mettre dehors. François refuse, toujours persuadé que je tente de me débarrasser d'un rival encombrant. J'enrage. Ces tensions politiques sont balayées le soir du 14 juillet 2016 par une attaque au camion d'une sauvagerie inouïe à Nice. L'attentat fait

86 morts, dont beaucoup de femmes et d'enfants qui déambulaient sur la promenade des Anglais pour la fête nationale. Le 26 juillet, le père Jacques Hamel, un prêtre octogénaire, est assassiné par deux jeunes djihadistes dans son église de Saint-Étienne-du-Rouvray, en Normandie. Égorgé parce que chrétien. Nous sommes tous éprouvés, terrifiés. Pourtant de nouveau, comme en janvier 2015, comme en novembre 2015, François Hollande laisse passer l'occasion d'un sursaut. Il ne se passe rien. Et quand le président comprend enfin que le danger vient bien plus de Bercy que de Matignon, il est trop tard. Rien ne peut plus enrayer la chute, ni la sienne ni la mienne. Emmanuel Macron quitte le gouvernement le 30 août. François semble suspendu à la décision de son ancien collaborateur. Quelques mois avant, il a lié son destin aux primaires du PS. Impensable pour un président sous la Ve République. En réalité, il a déjà renoncé, simplement je ne le sais pas. Ensuite, il y a ce livre épouvantable, *Un président ne devrait pas dire ça...*, puis mon entretien maladroit, dans le *JDD*, qui semble le pousser dehors alors qu'il a déjà pris sa décision, puis l'annonce officielle qu'il ne se représente pas, mon départ et mon remplacement par Bernard Cazeneuve, puis mon échec à la primaire, ma rupture avec le parti socialiste, la campagne pour les élections législatives où je serre les dents, mon divorce, Anne qui garde mon chien, Largo, un berger des Pyrénées que j'adore... C'est totalement anecdotique mais à l'époque, j'en conçois un véritable désespoir. Jusqu'à ma décision de quitter la France.

Malgré tout, pendant ces deux ans, malgré la brutalité de l'exercice du pouvoir, malgré nos erreurs politiques, je ne quitte pas Matignon, je ne peux pas quitter Matignon, tout entier consacré à la lutte contre le terrorisme, c'est mon obsession, je continue mon combat, au nom de l'idée que je me fais de la République et de la France. Ce combat, il est toujours d'actualité dans la France de 2021. Ce combat, j'ai eu l'honneur de l'incarner le 13 janvier 2015 devant la représentation nationale.

CHAPITRE 11

Les champs d'honneur

Mes racines ne sont pas en France. Je n'ai aucun Poilu dans ma famille, aucun soldat de la Grande Guerre. Je n'ai pas eu un grand-père, un arrière-grand-père pour me raconter Verdun, Craonne ou le Chemin des Dames. Dans les albums de ma famille, sur le buffet du salon, il n'y a pas de photos d'un aïeul en uniforme de 14-18. Je n'ai rien qui fasse lien avec ce traumatisme. Et pourtant... Comme tous les Français, je porte ma part du deuil collectif. Ce premier drame du XXe siècle, j'en ai la mémoire, dans la langue, dans la tête. Depuis l'école, je mesure la dimension symbolique des commémorations du 11 Novembre, je sais l'importance de ce rendez-vous historique. J'y suis d'autant plus attaché qu'il ne reste aucun témoin direct de cette époque de cendres et de ruines depuis la disparition de Lazare Ponticelli, il y a treize ans. Nous devons continuer d'honorer ceux qui sont morts pour la France, en signe de notre inaltérable reconnaissance. Nous devons continuer de lire leurs noms, à haute voix, ces noms inscrits sur les monuments des villes et des villages qu'ils ont quittés, la fleur au fusil souvent, inconscients du déluge de feu qui allait s'abattre sur eux.

Pendant plus de trente ans, comme élu, comme ministre, comme chef du gouvernement, j'ai participé aux cérémonies du 11 Novembre. À Argenteuil, à Évry, à Paris, chaque année j'ai eu le cœur serré par la solennité du moment. L'émotion n'a pas de territoire. J'ai grandi avec les récits de la guerre d'Espagne. Deux de mes oncles se sont engagés dans l'armée républicaine ; leur père, mon grand-père paternel, était déjà trop âgé pour combattre, trop éloigné aussi de la violence de l'époque, profondément catholique et viscéralement dévoué à sa famille. Quant à mon grand-père maternel, il a toujours respecté la neutralité de son pays, la Suisse. À défaut de mythologie familiale, je me suis fabriqué un imaginaire personnel à travers les livres : *Le Feu*, d'Henri Barbusse, *Les Hommes de bonne volonté*, de Jules Romains, et surtout *Les Thibault*, de Roger Martin du Gard. Il m'arrive de relire cette saga que j'ai découverte à l'adolescence ; je me suis passionné pour les destins croisés de Jacques et d'Antoine, victimes tragiques de ces temps troublés, séparés par la vie, réunis par la guerre. Je n'ignore rien de la triste fin de Charles Péguy, d'Alain-Fournier, de Guillaume Apollinaire. J'admire aussi Clemenceau, celui qui écrit, en 1914, dans *L'Homme libre* : « Mourir n'est rien. Il faut vaincre ! » Écarté du pouvoir, il y revient en 1917 pour restaurer la confiance et redonner le moral aux troupes. Son volontarisme a changé le sens de l'Histoire.

Plus tard, je me suis approprié la Grande Guerre en discutant avec des Poilus. Loin de la littérature, j'ai compris la « boucherie », la crasse des tranchées, le froid, les rats, la faim, la peur. La précision de leurs souvenirs m'a impressionné. J'ai pris conscience de la force intacte du rejet, de la colère que les années n'ont pas suffi à apaiser. Cette guerre inscrit la mort et la douleur dans les entrailles de la société française : 1,3 millions de morts, 600 000 veuves, 700 000 orphelins, des millions de mutilés, d'invalides, des hommes jeunes défigurés, des « gueules cassées » amputées, brisées, brûlées. Le champ de bataille a aboli les frontières : à l'instant de monter au front, les hommes sont tous égaux, quels que soient leur origine sociale, leur confession religieuse, leur dialecte, leur métier. Le sang versé coule d'une même rigole. La France entière est touchée mais c'est la France rurale qui est à terre, avec ses centaines de milliers de paysans morts au combat. La Bretagne, l'Auvergne, la Provence, le Berry, la Picardie, la Dordogne, ces régions et les autres ont envoyé de la chair à canon. Pas un village, pas une commune qui ne raconte la tragédie. Si la victoire est acquise, la France de 1918 est exsangue, ruinée, décimée, accablée.

Pourquoi continue-t-on de commémorer, avec constance, avec éclat, cette guerre que nous avons si chèrement payée ? Parce que le symbole est à la hauteur du martyre. Parce que toute notre histoire contemporaine plonge ses racines dans l'épreuve. Fierté de la victoire ; fierté du sacrifice ; fierté d'appartenir à une nation. « Ce que nous avons déjà fait… En vérité, c'est plus qu'on ne pouvait demander à des hommes. Et nous l'avons fait », écrit Maurice Genevoix dans *Ceux de 14*, au chapitre « La Paix ». Nous sommes tous, nous Français, ses héritiers. Et cet héritage n'est pas seulement dans nos têtes et dans nos cœurs : il est sous nos yeux, dans ces vallons qui ne sont que d'anciens trous d'obus, dans ces labours qui charrient encore leurs lots de bombes rouillées, dans les allées dépouillées de ces vastes cimetières de l'est et du nord de la France, il est sur les 30 000 monuments aux morts jaillis des profondeurs du pays entre 1920 et 1925.

Partout, les Français célèbrent leurs disparus, qu'ils aient confié l'ouvrage à un artiste confirmé ou à un artisan inconnu, qu'ils l'aient commandé simple ou pompeux. Ces mémoriaux apparaissent jusque dans les territoires les plus reculés de l'Empire colonial, d'où sont partis des dizaines de milliers de soldats. À lui seul, le monument aux morts de Nouméa, que je n'ai jamais oublié, dit tout : 575 Calédoniens tombés au champ d'honneur, dont 382 tirailleurs kanaks, sur les 2 000 qui avaient rejoint les tranchées européennes. Parmi eux, le soldat Kalepo, fauché le 25 octobre 1918 dans l'Aisne et dont la dépouille a été rendue aux siens, sur la terre de Tiga, en septembre… 2017. Presque un siècle après sa mort. Au nom du devoir de réparation de la mémoire. Plus près de nous, j'ai découvert récemment l'existence d'un mémorial dans le cimetière de Barcelone, où repose ma famille. Un monument imposant, où sont gravés les

123 noms de soldats « morts pour la France », dont des volontaires espagnols.

Partout, la nation célèbre ses enfants, sur les plaques innombrables qu'on aperçoit au détour d'une rue, dans les squares, sur les façades des immeubles, les ponts, les murs de la Chambre des députés, du Sénat, des églises, des temples, des synagogues. Fruit d'une loi de 1920, dérogation exceptionnelle à la loi de 1905 sur la séparation de l'Église et de l'État, la mosquée de Paris, première mosquée métropolitaine, inaugurée en 1926, est construite à côté du Jardin des Plantes pour rendre hommage aux dizaines de milliers de morts musulmans de la Première Guerre mondiale. Toutes les confessions, toutes les nationalités ont des soldats enterrés en France : les Allemands, les Britanniques, les Américains, les Italiens, les Australiens, les Néo-Zélandais, les Chinois, les Indiens. Ce culte du souvenir n'est pas propre à la France, mais c'est dans notre pays qu'il a tissé son réseau le plus dense, le plus impressionnant, qu'il compte autant de ces « lieux de mémoire », comme les a si justement appelés Pierre Nora. Aucun autre événement, la résistance à l'occupant nazi, la guerre d'Indochine, la guerre d'Algérie, n'est si profondément inscrit.

Le XXe siècle ne commence pas en 1900 ; il s'ouvre avec le conflit mondial de 14-18, qui est à l'origine de la révolution bolchevique de 1917, de la montée de l'impérialisme américain et de l'avènement du fascisme. Cent ans plus tard, en 2014, les commémorations mobilisent François Hollande et le gouvernement. Nous y voyons l'occasion de rassembler les Français : la demande de mémoire et d'Histoire vient aussi d'eux. Ils sont invités, cette année-là, à participer à l'élaboration d'une gigantesque base de données numérique, élaborée à partir de leurs souvenirs familiaux. La collecte est un immense succès. Les cérémonies s'enchaînent : les célébrations des grandes batailles, les sommets, les discours, les gestes dits de « réparation de l'oubli », les colloques, et l'année Clemenceau, et la publication de *Lettres de Poilus*... « Trop de commémorations tue la commémoration », dira l'historien Antoine Prost. Sans doute a-t-il raison. Mais comment faire autrement ?

J'y prends toute ma part. J'assiste à la commémoration de la bataille décisive de la Marne, à Meaux puis à Mondement et Vitry-le-François. Devant 4 000 personnes, dont 1 700 collégiens, j'exalte l'unité, l'amour de la patrie, l'amitié franco-allemande et l'Europe. Deux ans plus tard, le 13 septembre 2016, je préside la cérémonie des cent ans de la remise de la Croix de chevalier de la Légion d'honneur à la ville de Verdun par le président Raymond Poincaré. C'est une visite au pas de charge : passage en revue des troupes, remise de décorations, cérémonie militaire, dépôt de gerbes, discours en mairie, signature du Livre d'or dans lequel j'inscris quelques banalités – « Verdun, ville de mémoire, ville d'avenir, est plus que jamais le symbole du nouveau patriotisme dont la France a besoin ». Je déjeune avec des lycéens. Je trouve quelques minutes pour rencontrer des agriculteurs en colère. Je fais tout, et je ne prends le temps de rien. Je ne me pose pas. Je ne réfléchis pas au sens de cette journée. Je ne vis pas le moment.

Cette course folle s'arrête à Douaumont, devant les 16 142 tombes de la nécropole nationale. Je connais les quatre ossuaires qui ont été édifiés dans les régions martyrisées, Notre-Dame-de-Lorette, Dormans, Hartmannswillerkopf et Douaumont. Tous inspirent le recueillement et le souvenir, mais le site autour de Verdun a quelque chose de particulièrement émouvant : il faut imaginer, en regardant ces paysages paisibles, le déluge de feu, de boue, de sang, la sauvagerie de la bataille et la terreur des soldats de l'infanterie réduits en charpie par la mitraille ennemie. Il faut respirer la douceur de l'air pour ne pas oublier les gaz qui déchirent les poumons, écouter le silence pour entendre le vacarme des explosions d'obus. Tout ici respire la paix. Tout ici raconte la guerre. À Verdun, les affrontements de 1916 n'ont pas seulement décimé deux armées : ils ont modifié la géographie, éventré les plaines, rayé de la carte des villages entiers. Autour de Fleury-devant-Douaumont, six communes sont dites « mortes pour la France » ; elles ont conservé un maire symbolique, mais ne comptent plus aucun habitant. Ces ruines sont les vestiges les plus poignants du premier conflit mondial. Un jour, entre des murs dont il ne reste rien, des enfants sont allés à l'école, le boulanger a fabriqué son pain. Un jour, sur ce sol où plus rien ne pousse, la vie semait ses fruits. Ne reste qu'une chapelle là où s'élevait l'église ; je frissonne en l'observant.

Au pied de l'ossuaire, après une visite impressionnante de la citadelle souterraine, je suis une nouvelle fois saisi par l'alignement des croix blanches qui s'allongent à l'horizon, et les rosiers qui poussent à leur pied. La perfection de la symétrie des tombes, le dépouillement des cimetières participent à la puissance du paysage – ces traces de l'Histoire nous renvoient à la brièveté de la condition humaine. Je m'incline aussi devant le mémorial juif, ajouté en 1938 ; deux ans plus tard, en 1940, le maréchal Philippe Pétain, le vainqueur de Verdun, signera les décrets scélérats sur le statut des Juifs de France. Je termine par le mémorial dédié, depuis 1971, aux soldats musulmans morts pour la France. Ils sont 592 qui reposent, tournés vers La Mecque, dans le cimetière de Fleury.

Mes gestes n'ont rien de mécanique. Je ravive la flamme du souvenir, dans ce lieu sacré où reposent 130 000 soldats inconnus, français et allemands. J'ai la gorge nouée. Comment pourrais-je sortir indemne de cette cérémonie, après avoir salué tant de morts, évoqué tant de souvenirs meurtris sous les voûtes de la chapelle et dans l'austérité du cloître ? Je quitte Verdun en hélicoptère. En m'éloignant, j'aperçois longtemps la tour haute de 46 mètres de l'ossuaire, sa cloche de bronze, le « bourdon de la victoire », le relief des champs de bataille, et la route vers Bar-le-Duc, artère stratégique entre le 21 février et le 18 décembre 1916, que Maurice Barrès appela la Voie sacrée. Ici, de Gaulle, jeune capitaine de vingt-six ans, aussi téméraire que courageux, a été blessé et capturé. Ici, François Mitterrand et Helmut Kohl se sont donné la main en 1984 pour symboliser la réconciliation, la paix et l'Europe unie.

En ce jour de septembre 2016, dans l'hélicoptère, je suis loin d'imaginer les conséquences de la démission d'Emmanuel Macron, quelques jours plus tôt, loin d'imaginer que François Hollande va renoncer à se présenter à l'élection présidentielle et que je vais moi-même quitter Matignon pour être candidat à la primaire citoyenne. Le nez collé au hublot, j'observe une terre gorgée de sang et de fer. Elle témoigne de la folie des hommes, du sacrifice des soldats, de l'ineptie des décisions prises par certains de leurs chefs, de l'absurdité de la guerre. Je pense à ces milliers d'hommes morts pour leur patrie, qui ont fait preuve de tant de courage au moment de défendre la nation. Les mots ont un sens, et décidément, pour moi, ceux-là sont beaux.

CHAPITRE 12

Susana

Aimer une femme et repousser toujours à plus tard le moment de parler d'elle. Aimer une femme et s'effrayer d'être indiscret, ou maladroit, ou ridicule, quand vient l'instant de raconter un couple. Je n'aime pas aborder mes sentiments, me dévoiler. « Manuel Valls, pudique ? » J'entends les rires. Je lis les moqueries. Oui, j'ai posé dans *Paris Match* avec Anne, ma précédente épouse ; je me suis prêté à ce jeu auquel peu d'hommes politiques sont capables de résister lorsqu'ils sont sollicités. Il nous donne le sentiment d'exister, d'être importants. J'ai donné des photos de mon mariage, j'ai montré quelques instants de vie privée. J'étais convaincu que c'était utile, que ces images m'aideraient à apparaître tel que je suis, moins raide. Si c'était à refaire, j'imagine que je commettrais la même erreur, tant est puissante l'allégresse de la notoriété. C'est une ivresse ; et comme tous les lendemains d'ivresse, le réveil est brutal. J'ai pensé garder la maîtrise, pouvoir choisir ce que je laissais voir et rester silencieux sur ce qui relevait de mon intimité.

Quelle erreur. Mes amours sont devenues un objet de curiosité, de clichés volés. J'ai été photographié à mon insu dans des circonstances douloureuses ; des proches, ma famille, beaucoup de gens ont été touchés, blessés par la méchanceté des commentaires, par la cruauté des insultes. Jusqu'au reportage publié sans mon accord fin août 2018 en une de *Paris Match*, illustrant l'annonce de ma relation avec Susana.

Nous ne nous cachions pas. Rien n'était secret. J'aurais simplement préféré la présenter moi-même aux Français et aux Espagnols ; je n'aurais sans doute pas commencé en parlant d'une « femme d'affaires (...) dotée d'un précieux carnet d'adresses. La partenaire idéale pour la conquête de Barcelone ». Susana est l'incarnation de la joie de vivre ; elle rayonne de bonne humeur, de gaieté. « Tu me rends la soif et la faim », dit Aragon dans *Le Fou d'Elsa* – Susana m'a rendu ce goût d'être heureux. Lorsque je l'ai rencontrée, j'étais un homme fatigué, abîmé par trop de coups reçus, par des années de combat politique, par la brutalité des réseaux sociaux. La campagne de la primaire à gauche, la campagne présidentielle, la campagne législative durant laquelle je n'avais qu'un but, ne pas être jeté dehors comme un malpropre par les électeurs de ma circonscription, les amis du nouveau président qui m'ont longtemps traité en paria – je l'ai déjà dit : en France, tout était violence. Même si, après quelques mois du nouveau quinquennat, les esprits s'étaient un peu apaisés. Mon travail à la commission des Lois de l'Assemblée me redonnait du plaisir ; la plupart des jeunes députés de La République en Marche me témoignaient du respect, celui qu'on réserve aux vestiges préhistoriques. Après tout, n'avais-je pas connu l'« ancien monde » ? Une activité plutôt intéressante dans un climat relatif de bonne entente – à l'époque, je n'en demande pas plus.

Mes origines catalanes me rattrapent à l'automne 2017. Le 1er octobre, le « oui » l'emporte très largement au référendum sur l'indépendance de la Catalogne. Pour moi, c'est un tournant. Je me suis engagé résolument contre un scrutin que tous savent illégal, alors qu'aucun processus d'autodétermination n'est prévu par la Constitution espagnole. Ce référendum est une farce ; pour le prouver, une femme, personnalité éminente de l'élite barcelonaise, a voté plusieurs fois, sillonnant les rues enveloppée dans un drapeau espagnol. La vidéo est devenue virale sur les réseaux sociaux. Je ne connais pas cette femme, une certaine Susana Gallardo, héroïne moderne de l'unité espagnole dont les admirateurs louent le tempérament de feu ; mais comme elle, je suis persuadé que l'avenir de la Catalogne est dans l'Espagne. La situation catalane s'est dégradée ces dernières années, alors que la région jouit d'une autonomie politique, fiscale et éducative comme il n'en existe nulle part ailleurs en Europe. Les indépendantistes, appuyés par la propagande officielle de la télévision publique catalane et soutenus par des moyens financiers puissants, ont profité de la crise économique nationale pour défendre un projet qui exploite la peur du déclassement de manière éhontée : « *España nos roba !* » (« L'Espagne nous vole »), assurent-ils.

Je suis souvent sollicité par les médias espagnols. Je répète chaque fois que j'en ai l'occasion mon attachement à l'unité de l'Espagne ; je pointe les dérives xénophobes du processus, je dis combien j'en crains les conséquences pour l'Europe tout entière. Quelques jours après le vote, le Parlement de Catalogne déclare son indépendance unilatérale. Le roi Felipe VI et le gouvernement central du leader conservateur Mariano Rajoy, soutenus par les socialistes et mes amis centristes de Ciudadanos, réagissent fermement. La justice ordonne l'arrestation des leaders séparatistes, le Parlement est dissous, des élections régionales sont convoquées. La Catalogne est profondément divisée. Je fais campagne en deçà des Pyrénées avec le prix Nobel de littérature, Mario Vargas Llosa, et l'ancien président socialiste du Parlement européen, Josep Borrell ; ensemble, nous fustigeons la dérive nationaliste. Je reprends les arguments de Javier Cercas, sans doute le plus grand écrivain espagnol actuel, lui-même catalan : « L'indépendantisme catalan est un populisme ! » Je participe à des conférences pour rappeler les mots de François Mitterrand : « Le nationalisme, c'est la guerre ! » Aux côtés de Felipe González, je défends l'idée que les vieux États-nations de l'Europe ne peuvent pas se défaire, au risque de plonger dans l'abîme. Surtout, je prends goût à ces allers-retours en Espagne, à ce nouvel engagement pour une cause qui m'éloigne de la vie politique française et me redonne le goût du combat. Je suis invité à donner des cours à l'université de Madrid et dans une grande école de Barcelone. Je commence à renaître.

Dans ce contexte, des amis me proposent de réfléchir à une candidature pour la mairie de Barcelone. Pendant quelques mois, je multiplie les séjours à Barcelone, en imaginant les moyens de donner corps à ce projet fou. En juillet 2018, je décide de m'engager dans l'aventure. Les chances de succès sont infimes ; l'équation politique est trop complexe pour me permettre d'être maire de ma ville natale. Aucune importance. J'ai retrouvé l'envie. Personne ne me retient à Paris. Mon couple avec Anne s'est défait, depuis des semaines une autre partage ma vie. Mon désir d'ailleurs balaie tout. Je l'annonce à mes enfants, à ma mère, à mes amis. S'ils sont inquiets, ils ne le disent pas. Au contraire – mes proches me poussent à aller de l'avant. Tous, ils ont perçu l'importance de cette renaissance. Juste avant les vacances, je commence à chercher un appartement à Barcelone, où je veux m'installer à la rentrée de septembre. La veille de mon départ, j'ai rendez-vous à l'Élysée. Emmanuel Macron, que je vois longuement dans son bureau, est prévenant à mon égard, mais il n'a pas un mot pour m'empêcher de partir. Pourquoi le ferait-il ? Le lendemain, je m'envole pour les Baléares. J'ai envie de retrouver les paysages de mon adolescence, les odeurs de mer, les murs de pierre, la couleur sèche de ces oliviers que mon père a tant de fois dessinés…

En chacun de nous sommeille un Ulysse qui rêve d'Ithaque. En posant le pied à Minorque, je me sens chez moi, heureux et surpris de retrouver l'île à ce point préservée du tourisme. Loin d'Ibiza et de la *fiesta*, loin des foules, ce petit bout des Baléares a gardé l'allure du paradis terrestre que j'ai connu il y a quarante ans. Je redoutais la foule, le bruit, j'avais peur de regretter la Provence, la Toscane ou les Cyclades, qui étaient devenues mes destinations de prédilection. À peine sorti de l'avion, mes doutes, mon appréhension se sont envolés. Ma valise aussi… Ainsi délesté, les mains dans les poches et le cœur léger, je suis là où je dois être. Je trouve un hôtel près de la mer. Je commence à écrire une sorte de journal de bord dans un gros cahier rouge. Je veux mettre de l'ordre dans ma tête, dans ma vie. Je termine en même temps un livre qui doit m'aider à lancer ma campagne municipale à Barcelone. Je passe du français à l'espagnol et de l'espagnol au catalan, cette agilité de la langue me rend fou de joie, comme un gosse. Il me semble que tout est neuf ; par la fenêtre, je vois la Méditerranée, un bonheur dont je ne me lasse pas. Très vite, un soir, des amis qui partagent mes convictions anti-indépendantistes me présentent l'héroïne catalane du référendum, la fameuse Susana Gallardo, la femme au « tempérament de feu ». Je suis tout de suite séduit par sa vivacité, son humour. Elle est drôle, pétillante, attachante. Et elle est passionnément francophile… À cinquante-six ans, pour la première fois, je tombe amoureux d'une Espagnole. Mes premiers mots d'amour pour Susana, je les prononce en catalan.

C'est une porte que j'avais fermée. Mes deux premières femmes sont françaises, la culture espagnole leur est étrangère ; mes enfants sont français, et je n'ai jamais parlé espagnol avec eux. Je le regrette mais il est trop tard pour changer l'évidence : j'ai gommé de ces années ce qui avait trait à ma langue maternelle, à ma double culture. Susana répare ce qui a été perdu. Pour autant, je ne renie rien de ce qui fait de moi un Français, au contraire – mes amis espagnols m'en font souvent la remarque, « Manuel, tu penses comme un Français ». Ce double bagage fait ma force. J'ai la très grande chance d'avoir une femme qui le comprend, qui le partage, qui l'entretient dans notre mariage : Barcelone, Paris, elle passe d'une ville à l'autre avec le même plaisir, le même entrain. Tout comme elle avait accepté mon besoin d'éloignement, l'appréhension qui assombrissait parfois nos déplacements parisiens, Susana, le temps passant, a compris mon désir de retrouver un plus juste équilibre entre l'Espagne et la France. Elle-même, qui compte de nombreux amis depuis longtemps à Paris, s'investit dans mon pays : elle vient de rejoindre le conseil de surveillance du leader mondial des centres commerciaux, Unibail-Rodamco-Westfield. Je suis très admiratif de sa carrière. En Espagne, la réussite et l'argent n'ont rien de honteux, au contraire. Susana, héritière par sa famille d'un grand groupe pharmaceutique, a toujours travaillé. C'est une femme d'une très grande simplicité, d'un naturel parfois désarmant. Rien chez elle qui soit tape-à-l'œil. La maison de

Minorque n'est pas un manoir, contrairement à ce que j'ai pu lire ici ou là, c'est une grande maison où nous avons la chance d'entretenir deux potagers et beaucoup de terrain. Nous y accueillons nos enfants respectifs et nos amis. C'est notre plus grand privilège.

« Je rêve encore de tomber amoureux », écrit Romain Gary dans *La nuit sera calme.* « Mais ce qu'on appelle tomber ! Seulement à soixante ans, c'est très difficile, à cause du manque d'espace, d'horizon devant soi. Ça manque de large, maintenant, on ne peut plus s'élancer. L'amour, ça va très mal avec les restrictions, les limites, avec le temps qui t'est compté, il faut croire qu'on a toute la vie devant soi pour s'élever vraiment. Sans ça, c'est de la crème Chantilly. » Le destin m'a offert cette chance incroyable. Susana élargit mon horizon, elle me donne l'élan. Nous ne nous quittons pas. J'ai besoin d'elle, de sa présence, besoin de la savoir à portée de voix pour le lui dire, toujours : *Susana, t'estimo.*

CHAPITRE 13

Visite à l'Orangerie

J'ai toujours aimé voir le jour se lever sur Paris. C'est encore plus vrai depuis que je vis à Barcelone ; j'ai pris l'habitude, quand je reviens en France, de courir très tôt le matin, pour jouir d'un spectacle dont je ne me lasse pas. « La plus belle ville du monde », ce n'est pas juste un cliché. Je quitte la rive gauche par le pont des Arts, d'où je peux apercevoir Notre-Dame. Je traverse la cour Carrée du Louvre, je laisse derrière moi la Pyramide de Pei et je poursuis vers les Tuileries. La statue de Jules Ferry, à l'entrée du jardin, me parle de l'« ancien monde », celui auquel j'ai appartenu ; elle évoque pour moi l'hommage que François Hollande avait souhaité rendre, le jour de son investiture en mai 2012, à ce grand ministre de l'Instruction publique. Premier geste symbolique, première polémique : Ferry fut aussi un partisan fervent de la politique coloniale de la France. Il n'en est pas fait mention sur le monument, bien sûr – quelques mots rappellent seulement qu'il a été édifié en 1910 grâce à une souscription nationale ouverte par la Ligue française de l'enseignement : « Deux millions d'enfants des écoles laïques ont contribué chacun pour un sou », précise la gravure. Je n'en savais rien.

Dans les allées des Tuileries, que je longe au pas de course, me reviennent surtout mes souvenirs d'enfance et d'adolescence, intacts. Mon bateau à voile miniature, auquel je tentais de faire traverser le bassin à l'aide d'un bâton ; le Guignol, les après-midi de pluie ; les matchs de foot avec les copains ; le Jeu de paume et l'Orangerie, avec mon père. À cette époque, les salles du Jeu de paume sont sombres et l'accrochage désordonné ; ça n'a aucune importance pour mon père, qui nous fait découvrir, à ma sœur et à moi, les plus grands impressionnistes, Monet, Manet, Renoir, Degas, Cézanne, Pissarro. Le musée d'Orsay n'existe pas : c'est encore une gare désaffectée, qui accueille la compagnie théâtrale Renaud-Barrault. L'Orangerie, autre vestige du Second Empire, est un long bâtiment conçu, à l'origine, pour ranger des arbres à agrumes sensibles au froid. L'architecte a donc construit une gigantesque serre : les murs sont aveugles côté jardin, où l'hiver est rigoureux ; toutes les vitres donnent sur la Seine, côté sud, pour profiter de la chaleur et de la lumière du soleil. Plus tard, confiée au secrétariat d'État aux Beaux-Arts, l'Orangerie devient la place réservée des artistes vivants.

À quelques années de sa mort, Claude Monet choisit de faire don des *Nymphéas* à l'État, après avoir consacré trente et un ans de sa vie aux fleurs exotiques de son bassin de Giverny. Son ami Georges Clemenceau, président du Conseil, insiste pour que cet ensemble mural, hymne à la paix et à l'harmonie, soit exposé dans un lieu dédié. Il fait aménager deux salles dans l'Orangerie, deux salles ovales qui dessinent le signe de l'infini pour que, conformément à la volonté du peintre, les huit panneaux « donnent l'illusion d'un tout sans fin, d'une onde sans horizon ni rivage ». Cette contemplation presque mystique, il me semble l'éprouver avec la même intensité à chaque visite. La magie opère malgré les années, je suis en proie au même bouleversement que j'ai partagé avec mes parents. On ne s'habitue pas aux *Nymphéas*. Au contraire – les derniers travaux de rénovation, entrepris au début des années 2000, leur ont permis de retrouver la lumière du jour et un environnement qui s'accorde à leur sens. Cette ode à la nature, à l'eau et aux fleurs est plus envoûtante que jamais. Le génie de Monet, précurseur de l'art moderne, trait d'union entre Goya et Picasso, éclate avec douceur dans le reflet d'un nénuphar, dans l'ombre d'un feuillage. Que j'aime ces peintures…

J'arrive toujours à l'Orangerie avec la certitude d'y trouver l'apaisement. La collection Walter-Guillaume, moins connue, abrite des chefs-d'œuvre – Derain, Marie Laurencin, Modigliani, Le Douanier Rousseau, Matisse, Soutine, j'en oublie. Je les connais mais je les découvre, selon l'heure du jour, selon mon humeur, à l'affût d'un détail, d'un trait, d'un secret. Mes liens avec l'Orangerie sont tels qu'en 2009, lorsque son directeur Emmanuel Bréon décide d'organiser une exposition consacrée aux « enfants modèles », je suis enthousiaste. Les historiens d'art ne s'intéressent que rarement à l'entourage de l'artiste, à ses proches, à sa famille, à ceux qui l'ont inspiré, aimé, soutenu, encouragé. Ceux qui ont partagé ses doutes, qui ont souffert avec lui. Ceux sans qui, souvent, le destin aurait été différent. C'est l'occasion d'explorer l'intimité des artistes, où figurent évidemment les enfants. Fils et filles de Monet, de Cézanne, de Morisot, de Picasso, de Matisse, neveux et nièces de Derain et de Bonnard. Dans la même salle, on peut voir Jean Renoir, le cinéaste, fils de Pierre-Auguste Renoir, l'anthropologue Claude Lévi-Strauss, fils du portraitiste Raymond Lévi-Strauss, l'écrivain Jean-Marie Rouart, fils d'Augustin Rouart, l'acteur Jean-Paul Belmondo, fils du sculpteur Paul Belmondo, Pierre Arditi, fils du peintre Georges Arditi, et… moi. Manuel Valls, fils de Xavier Valls. J'ai une petite quinzaine d'années. Je porte une chemise blanche, j'ai les mains sagement croisées devant moi. Je me souviens des longues heures de pose dans l'atelier de l'appartement familial, de mes efforts pour ne pas bouger, alors que me tenaillait l'envie de lâcher mes mains, de lever une épaule, de tourner la tête. Mon père exigeait une immobilité absolue. Trente ans plus tard, ma fierté est immense d'être là, que ce tableau ait sa place parmi les œuvres des plus grands peintres français.

Je suis d'autant plus ému que l'Orangerie, dans ma cartographie personnelle, fait le lien entre ce père tant aimé et l'un de mes héros, Georges Clemenceau. Je le sais, tout a été écrit sur cet homme exceptionnel, de la dimension d'un Churchill ou d'un de Gaulle. Médecin des pauvres à la fin du Second Empire, maire de Montmartre pendant la Commune, infatigable « tombeur de ministères », victime du scandale de Panama, opposant farouche à la peine de mort, homme de presse et dreyfusard convaincu, c'est Clemenceau qui souffle à Émile Zola le titre « J'accuse ! » et qui publie dans son journal, *L'Aurore*, le texte mythique. Il est l'ami intime de Monet, qu'il fait opérer par son ophtalmologue pour que le peintre, victime d'une cécité grandissante, puisse terminer les *Nymphéas*. Ministre de l'Intérieur en même temps que président du Conseil entre 1906 et 1909, il devient le « premier flic de France » farouchement attaché à la laïcité et à l'ordre républicain, un modèle pour presque tous ses successeurs place Beauvau. En novembre 1917, il revient au pouvoir pour remporter la guerre, et y gagne le surnom de « Père la Victoire ». Ce grand patriote s'inscrit définitivement dans le roman national.

Georges Clemenceau ne s'est jamais trompé sur l'essentiel. Je ne cesse de le redécouvrir, de la formidable biographie de Michel Winock au *Dictionnaire Clemenceau*, sous la direction de Sylvie Brodziak et de Samuël Tomei, préfacé avec brio par Jean-Noël Jeanneney. Clemenceau, notre Tigre, admirateur de la Grèce antique, inspiré toute sa vie par les Lumières et la Révolution de 1789, exceptionnel serviteur de l'État, homme de lettres et de culture ouvert au monde et aux civilisations ; Clemenceau, avec ses formules parfois cruelles, ses emportements, ses amours, ses amis. Il faut lire sa correspondance avec Monet : « Peignez, peignez toujours, jusqu'à ce que la toile en crève. Mes yeux ont besoin de votre couleur, et mon cœur est heureux. » Il faut lire sa correspondance avec Louise Michel, déportée en Nouvelle-Calédonie, leur affection mutuelle, le respect partagé. Il faut lire ses *Lettres d'Amérique*, révélées par Patrick Weil, et qui dessinent le Nouveau Monde, l'autre continent, à travers les yeux d'un jeune homme de vingt-cinq ans. Il faut lire *La Mêlée sociale*, un livre que Clemenceau publie en 1907 et dans lequel il réaffirme son refus d'un capitalisme « broyeur d'hommes » au profit d'une société plus solidaire et plus humaine. Toute sa vie, Clemenceau porte haut la devise républicaine, qui conjugue les libertés et le progrès social.

Dans sa biographie, Michel Winock plaide pour que soit enfin levée la malédiction qui pèse sur « cet homme de gauche maudit par la gauche », ce prétendu « briseur de grèves » qui oppose à Jaurès sa propre conception du pouvoir mais qui refuse de dissoudre la CGT. Selon Winock, « l'échec historique du marxisme devrait pousser la gauche à reconnaître aujourd'hui ceux des siens qu'elle avait frappés d'ostracisme pour manquement à la doctrine de la lutte des classes »... Utiles réflexions. Elles sont toujours d'actualité. Elles me viennent à l'esprit devant le buste de Clemenceau par Rodin, exposé lui aussi à l'Orangerie. Le Tigre l'a détesté ; il a reproché à Rodin de lui avoir donné le visage d'un vieux grognard, et refusé que le bronze soit exposé au Salon de 1914. Oui, Clemenceau pouvait aussi avoir ses mesquineries – ça ne me le rend que plus humain.

CHAPITRE 14

La lutte contre la haine

Je suis fier d'être celui qui s'est battu pour interdire à Dieudonné de continuer un spectacle qui suintait le racisme et la haine des Juifs. Je suis fier de ne pas avoir accepté la souillure, d'avoir défendu la République et l'image de la France. C'est un combat qui m'a mené au bout de mes convictions, contre ceux, nombreux, pour lesquels j'en faisais « trop ». Je suis convaincu, moi, qu'on n'en fait jamais « trop » contre le racisme et l'antisémitisme. Ce ne sont pas des opinions, ce sont des délits qui menacent de troubler l'ordre public : comme ministre de l'Intérieur, en janvier 2014, j'avais le devoir de le faire respecter. Mais au-delà de ma fonction, comme citoyen français, j'ai un devoir encore plus important, un devoir constant, un devoir absolu d'intransigeance avec les valeurs républicaines. Elles fondent notre socle commun. Elles sont le lien qui nous permet de vivre ensemble, nous Français, dans le respect de la liberté de chacun. Elles nous engagent.

Je ne saurais dire à quel moment le combat politique est devenu un combat personnel. Il n'y a aucun événement marquant, pas d'avant/après. Juste un lent pourrissement, un propos qui nous semble odieux, puis intolérable, puis inacceptable. On dénonce, on s'élève, on condamne, et rien ne change. Pire : de plus en plus de gens trouvent le propos normal, voire amusant, en tout cas certainement pas choquant. Un jour on se réveille brutalement. On comprend qu'on a trop tardé, trop hésité. Ce jour-là, pour moi, il est devenu vital d'empêcher Dieudonné de cracher impunément sa haine. Bien sûr j'ai attendu trop longtemps. À ma décharge, la dérive dans l'opinion s'est faite, elle aussi, de façon très progressive. Elle commence clairement avec la deuxième intifada palestinienne, en septembre 2000. Je suis alors à Matignon, dans l'équipe de Lionel Jospin. Ni le Premier ministre ni le gouvernement ne prennent conscience de ce qui monte. Si je le vois un peu plus tôt, c'est parce que je vis dans une ville de banlieue, Évry, une mosaïque où cohabitent différentes religions. Or, assez vite après mon élection à la mairie en mars 2001, je reçois des représentants de la communauté juive particulièrement inquiets : le samedi, m'expliquent-ils, dans les voies piétonnes qui conduisent à la petite synagogue du quartier du Bras de Fer, des adolescents jettent des pierres sur les fidèles et profèrent des insultes antisémites. Pendant plusieurs mois, je serai obligé de les faire accompagner par la police municipale.

Je suis un élu de terrain. Je connais ma ville, ses rues, ses habitants. En ce début de XXIe siècle, marqué par le choc des attentats du 11 septembre 2001, je vois le communautarisme prendre de l'ampleur dans les cités, la tentation séparatiste, le glissement du respect des lois de la République à celui des injonctions de l'islam radical. Dans ces angles morts, ces zones grises, ces endroits dont peu à peu l'État se désengage, s'insinue un antisémitisme de quartier, qu'on appellera « nouvel antisémitisme » alors qu'il s'agit toujours du même. Il se développe à la faveur de la multiplication des paraboles, qui diffusent les chaînes du monde arabo-musulman et font entrer le conflit israélo-palestinien dans des foyers pour lesquels, jusque-là, cette guerre n'existait pas. L'« antisionisme » revendiqué, la « haine d'Israël » invoquée ne sont rien d'autre que de l'antisémitisme. « L'antisionisme est l'antisémitisme justifié, mis enfin à la portée de tous. Il est la permission d'être démocratiquement antisémite », écrivait déjà en 1967 Jankélévitch ! L'irréparable est commis, la barbarie, avec l'assassinat d'Ilan Halimi. Le jeune homme est enlevé, séquestré, torturé, achevé au nom de l'un des plus vieux clichés antisémites de l'Histoire : s'il est juif, il a de l'argent. C'est la bascule ; des voyous de quartier, des délinquants purs et simples justifient leurs actes en invoquant un motif politique, l'antisionisme. Le discours de l'ignominie se banalise, légitimé par les prises de parole d'universitaires reconnus, respectés, portés par un engouement médiatique, comme l'est encore, à l'époque, Tariq Ramadan ; il est aussi théorisé par des personnalités d'extrême droite que la justice a déjà condamnées – Alain Soral, par exemple, qui comprend parmi les premiers le rôle clé d'internet, sa puissance de diffusion. La boucle est bouclée quand une partie de la gauche antisioniste rejoint le courant néonazi et les islamistes : le rejet des Juifs infuse dans les classes populaires et moyennes, chez les quadragénaires, les jeunes, les cadres, les artisans… Je n'oublie pas que l'antisémitisme est une longue tradition en France, remise au goût du jour par Édouard Drumont, antidreyfusard acharné, qui tint des discours pleins de haine et de fureur à l'aube du XXe siècle. Sa *France juive* fut un immense succès. Dans les années 1930, des journaux, des écrivains – Céline, Brasillach – participent d'un antisémitisme délirant, notamment contre Léon Blum. Le député Xavier Vallat s'indigne qu'un « vieux pays gallo-romain » ait pour la première fois un Juif à sa tête… Pendant l'Occupation allemande, l'antisémitisme devient l'affaire de l'État français, qui promulgue les lois discriminatoires sur le statut des Juifs et participe activement aux déportations massives vers les camps de concentration nazis.

Dieudonné, avec sa quenelle et ses « plaisanteries » révisionnistes, devient l'une des figures de proue de l'antisémitisme décomplexé des années 2000. Longtemps, pourtant, il a été un formidable humoriste ; son duo avec Élie Semoun fonctionnait à merveille, drôle, incisif. « Dieudo », comme on l'appelait, a même mené le combat contre le Front national à Dreux. Mais nous sommes en 2013, douze ans plus tard. Il est loin, l'artiste engagé. Désormais seul en scène, dans un théâtre qui ne se trouve qu'à quelques dizaines de mètres de mon appartement parisien d'alors, il insulte les victimes de la Shoah en mettant en cause l'existence des chambres à gaz – ce n'est plus la liberté d'expression, c'est un délit puni par la loi. Un délit tranquillement applaudi par des milliers de personnes. Des milliers de personnes ! Des Zénith entiers ! Partout où Dieudonné se produit, des manifestations d'opposants menacent de dégénérer en heurts avec ses défenseurs. Ce n'est plus du spectacle, c'est un meeting antisémite avec son cortège de violences. Je décide de casser cette insupportable mécanique de haine ; en décembre 2013, quelques jours avant le début de sa tournée, j'annonce que je commence à réfléchir aux recours juridiques nécessaires pour interdire les représentations.

Je n'ai pas conscience tout de suite que je viens de cristalliser le débat autour de la liberté d'expression. Encore une fois, à mes yeux, ce n'est plus le sujet : le spectacle de Dieudonné relève du délit. Mais deux éditoriaux me condamnent, dans *Le Monde* et dans *Le Figaro*. Je suis critiqué à gauche, mon propre camp – de nombreuses voix me reprochent d'attiser la violence, de stigmatiser l'islam, de réveiller les pulsions. Je suis accusé de profiter d'une situation compliquée pour me mettre en scène, de « faire ma com' ». Parmi les Français musulmans, certains sont désarçonnés, indignés qu'on veuille interdire Dieudonné alors qu'on soutient les journalistes de *Charlie Hebdo* qui ont profané l'image du Prophète en publiant des caricatures en 2006. Combien de fois vais-je faire œuvre de pédagogie, revenir sur la différence entre délit et liberté d'expression, défendre le droit au blasphème, réfuter l'idée que j'appliquerais deux poids, deux mesures ?

Dans mon combat juridique contre Dieudonné, je suis aidé par Marc Ladreit de Lacharrière, propriétaire de plusieurs Zénith en France ; je suis aussi soutenu, cela va sans dire mais je le dis quand même, par François Hollande et Jean-Marc Ayrault. Le CRIF (Conseil représentatif des institutions juives de france) et la LICRA (Ligue internationale contre le racisme et l'antisémitisme) sont à mes côtés. Le 6 janvier 2014, j'adresse une circulaire aux préfets pour leur préciser dans quelles conditions ils peuvent faire interdire le spectacle de Dieudonné. Dès le lendemain, 7 janvier, au nom du risque de trouble à l'ordre public, le préfet de Loire-Atlantique interdit la représentation prévue à Nantes deux jours plus tard. Le matin du 9 janvier, le tribunal administratif de la ville suspend l'arrêté préfectoral et autorise la représentation, se refusant à une « mesure aussi radicale » que l'interdiction. Il n'est pas question que je renonce ; j'en fais une affaire personnelle. Immédiatement, je saisis le Conseil d'État pour contester ce jugement. Il n'est jamais bon, pour un responsable politique, d'être désavoué par une défaite juridique, mais l'enjeu a pris une autre dimension : cette victoire contre le racisme et la haine, je veux l'emporter.

Je me souviens très bien de l'après-midi du 9 janvier, alors qu'avec mon équipe nous attendons la décision du Conseil d'État. Je suis en Bretagne, une terre rocardienne que je connais bien, une région qui m'est chère et où j'ai des souvenirs d'enfance. Depuis que je suis ministre, je multiplie les déplacements : j'ai plaisir à rencontrer, partout en France, des policiers, des gendarmes, des pompiers, des préfets, des élus. Surtout, je n'ai jamais perdu le bonheur de découvrir la France, ce bonheur que mes parents nous ont fait partager, à ma sœur et à moi, lorsque nous prenions la voiture pour partir à l'aventure. Je suis un élève de l'école de Jules Ferry, j'ai appris le nom de tous les départements et leur numéro sur de grandes cartes plastifiées. Quarante ans plus tard, je découvre la France administrative, celle que la République et les deux Napoléons ont dessinée et modernisée. Comme membre du gouvernement, j'ai la chance d'être accueilli dans les préfectures et les sous-préfectures du territoire. Je m'oblige à y dormir lorsque je quitte deux jours la place Beauvau, pour ralentir le rythme, pour profiter aussi de la chance incroyable qui m'est offerte de passer la nuit dans le lit à baldaquin de la chambre de l'Empereur à Marseille, ou sous son portrait à Lyon. La République a guillotiné le roi, mais elle célèbre encore, dans ces vieux bâtiments qui incarnaient l'apparat du pouvoir, les fastes du règne de Napoléon III, surnommé « le Petit » par Victor Hugo, jeté aux oubliettes de l'Histoire, à la fois premier président de la République et dernier monarque. Découvrir la France relève à mes yeux de l'apprentissage permanent. Connaître son pays, son passé, ses particularités régionales, ses monuments, sa gastronomie, c'est en comprendre les pulsions, les fractures – c'est en maîtriser la réalité.

Ainsi la Bretagne, depuis toujours terre de fronde. En ce début d'année 2014, la région est encore marquée par le mouvement des bonnets rouges, les ancêtres des gilets jaunes, qui protestent contre les plans sociaux dans l'industrie agro-alimentaire et finiront par faire chuter l'écotaxe. Plusieurs bâtiments publics, dont la sous-préfecture de Morlaix, ont été la cible d'exactions. Des inondations ont causé de nombreux dégâts deux semaines plus tôt ; j'étais déjà venu sur place. Je reviens rassurer, soutenir, rappeler l'autorité de l'État, engager les procédures de catastrophe naturelle. À Brest, en cette fin de journée d'hiver, la lumière est magnifique et l'accueil plutôt bon, malgré la présence bruyante de quelques représentants de la Manif pour Tous. Je dois retrouver mon ami François Cuillandre dans sa mairie, une bâtisse des années 1960, carrée, imposante, qui se dresse en aplomb d'une volée de marches. Il est 18 h 30 quand mon téléphone sonne, alors que je grimpe l'escalier de la mairie : le Conseil d'État maintient l'interdiction pour Dieudonné de se produire au Zénith de Nantes deux heures plus tard, estimant que « la réalité et la gravité de risques de troubles à l'ordre public » sont établies. J'ai gagné. Des gens applaudissent. Je suis plus qu'heureux – je suis fou de joie. J'ai combattu pour défendre mon idéal républicain, j'ai tenu bon contre la haine. La justice de mon pays me donne raison.

Je suis toujours sur un nuage en quittant Brest pour Quimper, où Bernard Poignant, maire de la ville et conseiller à l'Élysée, Jean-Yves Le Drian, ministre et homme fort de la région, et plusieurs élus m'attendent pour dîner à la préfecture. Je rencontre là, très discrètement, des représentants des bonnets rouges pour mieux comprendre leur mouvement. Le courant passe. Je suis encore sur un nuage au moment où je reçois un appel d'Aquilino Morelle, un autre conseiller du chef de l'État, très proche de lui, qui est aussi mon ami : « Manuel, on a un problème. Apparemment *Closer* fait sa une demain avec une photo du président qui rejoindrait Julie Gayet dans un appartement rue du Cirque… » La chute est brutale. J'ai beau être ministre de la police, je ne suis pas Fouché, encore moins Vidocq, et je ne suis pas plus au courant que les autres. Certes, comme tout Paris, j'ai entendu la rumeur qui prêtait à François Hollande une liaison avec l'actrice et productrice, mais évidemment c'est un sujet que je n'ai jamais abordé avec lui. Quel intérêt ? Je ne porte aucun jugement moral sur la vie privée des uns ou des autres. Au Château, l'autre nom de l'Élysée, c'est la panique. L'image du président dans l'opinion s'est beaucoup dégradée au cours de ces premiers dix-huit mois. Après le tweet dévastateur de Valérie Trierweiler en juin 2012 soutenant l'adversaire de Ségolène Royal à l'élection législative de La Rochelle, les photos du couple en tenue estivale à Brégançon ont donné aux Français le sentiment que le chef de l'État prenait du bon temps au lieu de se consacrer exclusivement aux problèmes du quotidien, le chômage, la hausse du prix des carburants, la baisse du pouvoir d'achat. C'est injuste mais c'est ainsi. Le concept du « président normal » ne passe pas. Le quinquennat a démarré sur des soucis de vie privée, alors que François Hollande avait fait sa campagne sur la rupture avec le mélange des genres, la signature de Nicolas Sarkozy. La promesse de changement n'est pas tenue. Au-delà des mauvaises plaisanteries que nous faisons tous au moment où le numéro de *Closer* nous tombe entre les mains, à Quimper, nous sommes catastrophés. Quelques jours plus tard, François Hollande doit préciser, lors d'une grande conférence de presse, les mesures du pacte de responsabilité, annoncé lors de ses vœux aux Français le 31 décembre. Ce pacte marque un changement de politique économique et fiscale, le gouvernement est mobilisé pour le valoriser. *Closer* parasite tout.

J'ai été frappé, dès l'été 2012, dans le Var, pendant une rencontre à laquelle j'assiste entre le président et la famille d'une des deux gendarmes tuées dans l'exercice de leurs fonctions à Collobrières, par l'attitude des parents. Ils ne montrent aucun respect en s'adressant au chef de l'État ; ils lui parlent comme on engueule un type dans la rue, à la limite de la grossièreté. Je ne sens pas la moindre déférence à l'égard de la fonction, au contraire, une inconvenance ostensible, provocatrice. La presse ne l'épargne pas non plus. Encore une fois, c'est en partie injuste : François Hollande n'a pas hésité à envoyer nos soldats au Mali, un an auparavant, pour briser l'avancée des groupes islamistes vers Bamako ou à ordonner plus tard des frappes précises sur des cibles de l'État islamique, en Syrie et en Irak ; le président s'opposera aussi nettement, en 2015, à la chancelière allemande Angela Merkel pour garder la Grèce dans la zone euro. Malgré ces actes forts, le président peine à incarner l'autorité, à habiter la fonction présidentielle. On est loin de Jupiter. Bref, en janvier 2014, le moral est dans les chaussettes. Je sens François Hollande très atteint. J'ai mal pour lui, même si ce n'est pas un ami intime. Je le connais depuis longtemps ; j'ai été très sévère sur ses années de premier secrétaire du PS, ou sur la manière dont il a géré la présidentielle de 2007 et la candidature de Ségolène Royal. À l'époque, j'ai été le seul à dire clairement mon ras-le-bol que la vie de mon parti tourne autour de la vie d'un couple. J'ai même demandé la démission de François. Mais je l'ai soutenu, en septembre 2011, face à Martine Aubry, au second tour de la primaire de la gauche. La campagne de 2012 nous a rapprochés, nous et nos compagnes. J'ai été l'un des artisans de sa victoire ; il m'a logiquement nommé au gouvernement, ce dont je lui suis reconnaissant. À mes proches, je ne cache pas, depuis le début du quinquennat, ma consternation, mes réserves sur sa façon de présider, sur le choix de Jean-Marc Ayrault à Matignon, sur les premières décisions budgétaires et fiscales. Mais ces critiques, je les émets en privé. Publiquement, je suis solidaire ; je prends ma part des dégâts considérables provoqués dans l'opinion par le scandale Cahuzac et par l'affaire Leonarda. Avec

Closer, un nouveau pas est franchi : désormais, la vie privée n'est plus un sanctuaire. J'en ferai moi aussi les frais, plus tard, il est vrai loin de l'exercice du pouvoir. C'est insupportable, blessant, humiliant pour des proches rarement préparés à une telle exposition.

En attendant, je sens monter l'inquiétude autour du chef de l'État, l'angoisse diffuse que quelque chose finisse mal. La rentrée politique est phagocytée par les amours compliquées de François Hollande, alors que nous aurions dû la consacrer à populariser nos nouvelles orientations économiques. Les journaux, d'un coup, ont zappé Dieudonné. Je suis persuadé que tout peut encore s'arranger. Comment pourrais-je imaginer que ce personnage pour lequel j'ai un immense mépris, cet antisémite notoire maintes fois condamné par la justice, sera candidat contre moi, sous le regard rigolard de la presse, aux législatives de 2017 à Évry, pour me faire chuter ? Comment pourrais-je deviner que le dimanche 13 juillet 2014, au cours d'une manifestation de soutien à la population de Gaza et contre Israël, on entendrait crier « Mort aux Juifs ! » dans les rues de Paris ? En décembre 2014, un couple est victime à Créteil d'une agression crapuleuse, uniquement parce qu'ils sont juifs. La jeune femme est violée, brutalisée, sans que la sauvagerie des bourreaux et leurs insultes antisémites suscitent un tollé dans l'opinion. Au-delà de ce couple, les Français juifs sont très seuls face à l'obsession criminelle de ceux qui veulent les tuer et l'indifférence des autres. Il faudra attendre janvier 2015 pour la prise de conscience.

CHAPITRE 15

Objet de première nécessité

Quelqu'un vous parle du *Prisonnier.* Quelqu'un mentionne *Au nom de la loi* ou *Chapeau melon et bottes de cuir.* Quelqu'un vous parle de John Steed et Emma Peel, de Josh Randall, de Thierry la Fronde. Quelqu'un vous lance : « Je ne suis pas un numéro ! » Si vous avez mon âge, vous savez tout de suite de quoi il est question, j'en suis sûr. Moi, cette énumération me laisse froid. Pourquoi ? Parce que je ne suis pas un enfant de la télé. J'ai grandi sans le petit écran, qui entre à la maison en 1978 ; j'ai déjà seize ans. Mon éducation est quasiment terminée. Ma culture, c'est le livre. Chez mes parents, la lecture relève de l'obligation, de la méthode pédagogique ; on lit comme on passe à table, naturellement, pour nourrir son imaginaire, pour s'ouvrir au monde, par plaisir. Dans ma famille, on lit tout le temps. On lit tout – pardon, on lit presque tout : mon père apprécie peu la bande dessinée. Tintin et Astérix seront longtemps les seules BD qu'il acceptera sous son toit. Au moment du coucher, ma mère Luisa me lisait *Pinocchio*, Italie oblige.

Mes premiers compagnons d'aventures sont d'un autre siècle. Charles Dickens, Robert Louis Stevenson, et surtout Jules Verne – mon héros. *Deux ans de vacances, Les Enfants du capitaine Grant, Vingt mille lieues sous les mers, Le Tour du monde en 80 jours, Voyage au centre de la Terre*, je crois que j'ai lu l'ensemble de son œuvre. Jusqu'aux ouvrages les plus politiques, *Nord contre Sud, Maître du monde, Les Naufragés du Jonathan*... J'ai conservé la collection complète, dont certains exemplaires parus chez Hetzel, avec leur couverture cartonnée rouge et verte, des recueils magnifiques. J'en possède beaucoup en poche, d'autres encore viennent des éditions 10-18 ou de la Bibliothèque verte, chère à mon cœur de petit garçon. Jules Verne m'a fasciné, enthousiasmé, ému, amusé, passionné. Je ne connais pas de plus grand visionnaire, qui ait imaginé avec un siècle d'avance les voyages sur la Lune et les conférences par Zoom. À chacun sa madeleine de Proust ; moi, il me suffit d'ouvrir un livre de Jules Verne pour retrouver l'enthousiasme et l'ardeur de ma jeunesse.

L'exigence de mes parents, à l'époque, va de pair avec le programme scolaire. En classe, j'étudie les grands auteurs français, Ronsard, Rabelais, Molière, Corneille, Voltaire, Rousseau, Chateaubriand, Musset, Balzac, Flaubert, Hugo, Rimbaud, Apollinaire, Pagnol, Saint-Exupéry, Sartre, Giraudoux, Ionesco, Kessel, j'en passe – tout le programme du Lagarde & Michard, ce manuel de littérature en plusieurs volumes qui a accompagné des générations de lycéens. Chez moi, je découvre les classiques étrangers, Cervantes, Galdós, Cortázar, García Márquez, Tchekhov, Tolstoï,

Dostoïevski, Zweig, Kafka, Shakespeare dans une version traduite par le fils de Victor Hugo, François-Victor. Je comprends mieux la Catalogne à travers l'œuvre de Josep Pla. *Moby Dick*, de l'Américain Herman Melville, sera mon livre de chevet un long moment. Victime d'un « accident de parcours » en troisième, une année que, pris de passion pour les échecs, je consacre presque entièrement à l'étude des parties de Fischer et de Karpov, je dois suivre des cours particuliers, tout l'été, pour me mettre à niveau et réussir mon entrée en seconde. Comme chaque été, nous sommes à Barcelone ; une prof du lycée français accepte de m'aider. Elle me fait lire Camus, *L'Étranger*, *La Peste* et *L'État de siège*, une pièce de théâtre sur un État totalitaire qui multiplie les références à la dictature de Franco. Grâce à elle, je dévore les huit tomes des *Thibault*, la saga familiale écrite par Roger Martin du Gard qui vaut à son auteur le Nobel de littérature en 1937. Militante communiste, amie d'Aragon, cultivée et sensible, cette professeure me familiarise aussi avec la poésie et les beaux textes de Jean Ferrat. Noëlle Boer, je n'ai pas oublié son nom, a été mon Louis Germain, cet instituteur dont Albert Camus a salué l'influence et chéri le souvenir.

Grand lecteur, j'ai toujours fréquenté les bibliothèques. J'ai commencé en primaire sous le regard bienveillant de ma maîtresse de CM2, Mme Gras, dont le mari était directeur de l'école de la rue Saint-Louis-en-l'Île. Mme Gras, Gisèle de son prénom, responsable de bibliothèque municipale où j'empruntais des livres chaque semaine, m'a conseillé jusqu'au bac… Un couple d'instituteurs extraordinaire. Lorsque j'ai été élu député pour la première fois, puis lorsque je suis entré au gouvernement, ils m'ont écrit leur émotion et leur fierté. Je les ai aussi croisés au Louvre de Lens, par hasard, alors qu'ils visitaient le musée avec un groupe de retraités. Près de quarante ans après, je les ai immédiatement reconnus. Leur gentillesse, à l'occasion de ces retrouvailles inopinées, m'a rappelé l'école du Marais, les leçons de morale du matin, les premiers exercices de maths, les cartes de géographie, les parties de billes dans la cour. L'époque où j'étais enfant de chœur à l'église Saint-Gervais ; l'époque des copains, les mêmes depuis la maternelle de la rue François-Miron. J'achetais le pain et des Carambars à la boulangerie sur le quai de l'Hôtel-de-Ville, à l'angle de la rue du Pont-Louis-Philippe ; aujourd'hui c'est un restaurant gastronomique, mais son propriétaire a conservé d'anciens panneaux de devanture, des peintures Belle Époque de jeunes sylphides répandant les semailles. Parfois, avec ma sœur, nous avions droit à une pizza chez Pizza Momo, une institution du quartier qui existe toujours, à côté de l'église Saint-Paul. Rue des Rosiers, Goldenberg était le seul restaurant ouvert le soir. Je passais tous les jours devant le Mémorial de la Shoah, sans en mesurer l'importance. Aucune plaque ne commémorait encore la déportation d'enfants juifs à l'entrée des écoles que j'ai fréquentées ; pourtant, plusieurs milliers ont disparu, raflés au Vél' d'Hiv' le 16 juillet 1942. J'ai découvert le judaïsme le vendredi soir, invité à célébrer Shabbat chez mes amis de l'école, dans des familles qui m'accueillaient le plus naturellement du monde. J'ai adoré cette vie de quartier.

C'était un lieu très populaire, nous avions des revenus très modestes, certains de nos voisins étaient à la limite de la misère ; beaucoup de logements étaient vétustes, voire insalubres. Au départ, les toilettes de notre appartement étaient sur le palier, un réduit sale et désolé. Mon père les a fait installer à l'intérieur après son mariage, ainsi qu'une petite baignoire dans la cuisine. C'est là qu'on faisait la toilette. Lorsque notre immeuble a été rénové, nous avons été relogés quelques rues plus loin, dans un autre appartement de la Ville de Paris. Nous étions entourés d'élus et de fonctionnaires du RPR. Mon père n'a pas supporté de quitter son atelier, il n'a pas supporté de perdre la vue qu'offraient nos trois fenêtres sur la Seine, sur la pointe des îles Saint-Louis et de la Cité, sur Notre-Dame, sur la montagne Sainte-Geneviève et sur le Panthéon. Il a fait une dépression profonde. On le privait de sa lumière, de ses couleurs, on lui enlevait tout ce pour quoi il était resté en France quand ses amis étaient rentrés en Espagne. Nous avons exigé de revenir dans nos murs. Nous avons réussi de haute lutte, soutenus par une avocate formidable et un comité d'habitants. L'aide de deux amis de mes parents, le philosophe Vladimir Jankélévitch et Yves Jaigu, qui dirigeait alors France Culture, des hommes merveilleux, nous a été précieuse ; mais ces deux ans loin de notre appartement ont été pénibles, et longtemps douloureux pour mon père.

Quand j'entre en troisième, au lycée Charlemagne, je découvre la mixité. Un grand mot – nous sommes vingt-cinq garçons pour une seule fille. Elle s'appelle Valérie, comment l'oublier ? Je lis toujours autant. La bibliothèque est devenue un refuge, je passe des heures à la BPI du Centre Georges Pompidou. La Fnac des Halles vient d'ouvrir, j'y feuillette toutes les BD interdites à la maison. L'adolescence... Mon père est exaspéré par le téléphone qui se met à sonner à peine suis-je rentré : « Allô bonjour, je peux parler à Manuel s'il vous plaît ? » Je fréquente assidûment la librairie Gibert Jeune, célèbre au-delà du Quartier latin pour ses livres d'occasion. Collaborateur d'un député, j'ai la chance inouïe de pouvoir travailler à la bibliothèque de l'Assemblée nationale ; je profite, chaque fois que j'en ai l'occasion, de son incroyable collection de livres anciens, qu'on consulte sur des tables où les sous-main en cuir d'un autre siècle n'ont pas disparu, à la lueur de lampes tamisées, sous des plafonds décorés par Eugène Delacroix. En 1987, je quitte le domicile familial et le Marais, moi qui ne m'étais jamais aventuré au-delà du cinéma de Saint-André-des-Arts – j'exagère à peine. Un an après, je quitte Paris pour la banlieue. Plus tard, je quitte la France pour l'Espagne. Entre-temps, je quitte plusieurs femmes. Au gré de cette vie de nomade, de ces variations amoureuses, j'ai abandonné sans regret beaucoup d'objets auxquels je pensais tenir. Mais je n'ai jamais laissé mes livres. Avec les tableaux de mon père, ils sont ma mémoire, mon passé, mon patrimoine. Je trimbale mes caisses, lourdes à se casser le dos, d'une existence à l'autre. Quel que soit l'endroit où je les pose, je commence par installer des étagères pour tout ranger. Je sors d'abord le livre auquel je tiens le plus, celui que je sauverais si je devais n'en choisir qu'un : *Un cœur intelligent*, dans lequel Alain Finkielkraut, loin de ses engagements tumultueux, politiques et médiatiques, offre à ses auteurs préférés, Kundera, Camus, Roth, James ou Conrad, un hommage unique d'érudition, de sensibilité et d'émotion. Là où sont mes livres, je suis chez moi.

Depuis longtemps, les librairies ont remplacé les bibliothèques de mon enfance. Je suis un acheteur compulsif, je n'aime rien tant qu'attraper un livre, lire la quatrième de couverture, feuilleter les pages pour en entendre le souffle, le reposer pour en choisir un autre, y revenir… Dans le vieux monde, celui auquel j'appartiens, le livre se manipule, se corne, s'annote. Le papier, toujours le papier, encore le papier. Une librairie, c'est une infinité de possibles, un lieu de désir et de plaisir, un lieu d'échanges aussi, où donner son avis et écouter des conseils. En janvier 2020, j'ai eu l'aubaine de me promener à Buenos Aires, en Argentine, la ville qui compte le plus de librairies dans le monde entier. Joie ineffable ! Bonheur inouï ! L'Espagne n'a pas la diversité française, et j'ai un peu perdu l'habitude de déambuler entre les rayonnages d'ouvrages. De mes années rue de Solférino, j'ai gardé la joie d'entrer dans la librairie Julliard, qui est devenue la librairie d'Albin Michel, à l'angle de la station de métro, et d'y piocher une ou deux nouveautés. En remontant le boulevard Saint-Germain, je m'arrête, maintenant que je redeviens parisien, à L'Écume des pages, qui jouxte presque le café de Flore, avec sa devanture verte et ses comptoirs en bois. Parfois je pousse jusqu'à L'Arbre à lettres, dans le XIIe arrondissement ; j'y passais régulièrement lorsque j'habitais le quartier. À Barcelone, si je lis beaucoup en espagnol, je peux commander des livres français dans une librairie voisine, mais le plus souvent, je quitte la France chargé comme une mule, tirant une valise vide de chemises et bourrée de romans, d'essais, de biographies, de polars… et de quelques BD.

Pour rien au monde je ne voudrais voir disparaître les librairies, moi qui considère les livres comme des objets de première nécessité. Je reste marqué par *Fahrenheit 451*, un ouvrage d'anticipation découvert en cours d'anglais l'année de mes douze ans. Son auteur, Ray Bradbury, s'est inspiré des autodafés nazis du 10 mai 1933, qui annoncent la mise à mort de l'humanité. Les régimes totalitaires ont toujours eu peur de la puissance des mots. Soljenitsyne a été interdit ; Liao Yiwu aussi. Mais la censure et la bêtise n'ont jamais muselé l'intelligence, au contraire : l'absurdité des dictateurs n'en est souvent que plus flagrante. Je me souviens d'une scène particulièrement grotesque sous la plume d'Alejo Carpentier, où des militaires, convaincus que ce qui est rouge est forcément communiste, se débarrassent du roman de Stendhal, *Le Rouge et le Noir*, et du conte de Perrault, *Le Petit Chaperon rouge*. Peut-on plus férocement illustrer la connerie ? Le livre survit à tout, à la bêtise des hommes, à la digitalisation, au confinement. Je ne vois pas de meilleure définition du « bien de première nécessité ».

Nous sommes un peuple qui aime les livres. Nous aimons les grandes émissions littéraires, comme « Apostrophes » ou « La Grande Librairie ». Nous nous passionnons pour l'attribution des prix littéraires. Nous nous disputons à propos du premier roman de Raphaël Enthoven. Nous découvrons avec effarement le *Journal de guerre* de Paul Morand, parcours poisseux dans le régime de Vichy exhumé par Gallimard, soixante-quinze ans après. Nous comprenons que sans les livres de Christine Angot, de Vanessa Springora ou de Camille Kouchner, l'horreur de l'inceste, les abus sexuels, les ravages de la pédophilie et leur cortège de silences complices, n'auraient pas la même place dans le débat public. Nous rêvons d'un nouveau Malraux au ministère de la Culture. Nous saluons l'entrée de Maurice Genevoix au Panthéon. Nous aimons les écrivains, nous fréquentons les librairies. Ne les laissons pas disparaître.

En France, lorsque vous faites de la politique, sauf à s'appeler François Mitterrand, il ne fait pas bon porter sa passion des livres en étendard. On vous regarde d'un drôle d'air, on vous soupçonne d'être au mieux un affabulateur, au pire un hâbleur. Vous passez pour un prétentieux – osons-le, pour un emmerdeur. Je n'ai pas la réputation d'un type cultivé. On loue mon énergie, ma combativité, jamais mon amour de la littérature. Dans ma carrière, à aucun moment je ne l'ai mis en avant, soucieux de ne pas donner l'impression d'utiliser ma culture à des fins politiciennes. Mario Vargas Llosa et Milan Kundera sont mes amis ; je ne le dis pas pour me vanter, je l'écris parce que c'est vrai. J'en suis fier et heureux, est-ce que ça fait de moi un coq décervelé ? Je m'accommode du regard méprisant de certains « petits marquis » parisiens ; mes proches savent à quoi s'en tenir. Ils savent à quel point je prends plaisir à entrer dans une librairie, à Paris ou ailleurs. Je peux passer des heures chez Actes Sud, en Arles, un lieu unique sur les bords du Rhône qui doit son succès à Françoise Nyssen et à Jean-Paul Capitani. Je les admire de nous faire découvrir de nouveaux talents, d'accorder leur confiance à des auteurs inconnus, de fonctionner aux coups de cœur. Leur audace a été récompensée de plusieurs prix, c'est mérité. Je regrette la fermeture de Géronimo, à Metz ; l'endroit était chaleureux, à l'image du libraire, un homme attentif et curieux, ouvert à l'échange. N'avoir pas obtenu l'installation d'une librairie à Évry reste ainsi l'un de mes plus grands regrets. L'implantation de la Fnac dans le centre commercial n'a pas effacé cet échec, même si je me suis battu, comme maire, pour qu'elle ne ferme pas, malgré de grandes difficultés financières. En revanche, j'ai réussi à bâtir dans ma ville une nouvelle médiathèque ; elle porte le nom d'Albert Camus, ma référence absolue, l'homme qui a abordé tous les registres de la littérature, de la philosophie au roman, du théâtre aux lettres d'amour – sa correspondance avec Maria Casarès est un bijou –, de l'engagement politique aux lumières de la Méditerranée. Camus ou Sartre ? Il y a bien longtemps que j'ai choisi Camus. J'ai inauguré en 2013 ce magnifique bâtiment, adossé au nouveau conservatoire de musique. À chacun son mythe de Sisyphe. Certains succès ont plus de valeur que d'autres.

CHAPITRE 16

Une France que je n'aime pas

Je ne peux pas parler de la France que j'aime sans évoquer celle que je n'aime pas. Pour être complet, mon récit doit être exhaustif. Dans ce livre, je suis revenu aux sources de mon sentiment national. J'ai dessiné les lieux qui me sont chers, je me suis arrêté sur les dates qui ont donné du sens à ma vie, j'ai évoqué longuement les femmes et les hommes dont l'engagement m'inspire le respect, l'amitié ou l'amour. C'est le moment de m'arrêter sur les autres, français comme moi, militants comme moi, et pourtant si éloignés de mes convictions ou de mon idée du patriotisme. Il me semble que la tolérance n'est pas un vain mot dans le débat public – je dis public, et non politique, parce que les deux personnes auxquelles je pense ne sont pas des personnalités politiques. Au contraire, elles revendiquent leur refus des clivages traditionnels ; et leurs outrances assumées contribuent à remplacer la confrontation des idées par un affrontement binaire et stérile. Éric Zemmour est journaliste, essayiste, auteur à succès. Assa Traoré est une activiste, figure de la lutte antiraciste. Il est français d'origine berbère, juif sépharade, gamin de la banlieue parisienne. Elle est d'origine malienne, née à Paris, égérie des minorités et de la lutte contre les violences policières depuis la mort de son frère Adama Traoré, un jeune homme de vingt-quatre ans décédé en 2016 après avoir été interpellé par des gendarmes. Depuis, Assa Traoré se bat pour que la justice reconnaisse la responsabilité de ces derniers dans ce drame. Éric Zemmour et Assa Traoré pourraient être, au regard de leurs origines, de leur parcours et de leur réussite, ce que notre pays engendre de meilleur. C'est l'inverse qui s'est produit. Ils sont les deux visages de la haine, à l'extrême de la droite pour l'un, à l'extrême de la gauche pour l'autre, qui s'invectivent et s'injurient dans un pas de deux diabolique ; ils sont les deux bras de la tenaille identitaire dans laquelle je refuse que la France soit broyée. Ni Éric Zemmour ni Assa Traoré ne supporteront que je les mette ainsi en miroir. Pourtant, les excès de l'un nourrissent l'autre, et vice versa.

J'ai connu Éric Zemmour il y a vingt-cinq ans, journaliste politique au *Quotidien de Paris* puis au *Figaro*. Il était drôle et intelligent, assez sympathique. Je l'ai vu se détacher lentement de notre continent, glisser toujours plus à droite, perdre en lucidité, devenir obsessionnel. Un gâchis. J'ai surtout vu le rôle de la télévision dans sa dérive : pour exister dans les médias, il faut se distinguer, taper plus fort que les autres, être chaque fois plus excessif. Zemmour n'est pas seul sur son créneau – ils sont plusieurs à se disputer le rejet de l'islam, à entretenir la confusion entre musulmans, djihadistes et immigrés, à se jouer de l'Histoire, à en tordre le cours pour la glisser dans l'étroitesse de leur pensée. Je n'oublie pas que les groupes identitaires ou néonazis, admirateurs de Breivik, l'auteur des tueries de masse d'Oslo et d'Utøya, se nourrissent de cette rhétorique. Je n'oublie pas que le tueur de Christchurch, en Nouvelle-Zélande, responsable de la mort de dizaines de fidèles dans deux mosquées, s'est dit inspiré par les théoriciens français du « grand remplacement ». Occuper l'espace médiatique est devenu un enjeu en soi. Les convictions ? Reléguées au rang des accessoires. Il y a une bonne dose d'opportunisme derrière ces postures, et finalement assez peu de théories construites, étayées de faits. Je compare souvent ces « prédicateurs de plateaux télé » à des porte-parole du Tea Party, ce mouvement contestataire ultra-conservateur et ultra-médiatique qui a fait tant d'adeptes aux États-Unis et dont certains tentent d'inventer une version française. Tout le monde n'a pas renoncé à porter le fer contre eux, des personnalités comme Caroline Fourest, Raphaël Enthoven, Bernard-Henri Lévy montent régulièrement au front. Qui que l'on soit, il faut être solide pour combattre Éric Zemmour, qui ment sans vergogne, qui tronque les chiffres, qui joue sur des peurs irrationnelles, qui alimente l'hypothèse d'une guerre civile tout en affirmant la craindre, qui fait feu du moindre fait divers avec un cynisme effrayant.

La notoriété d'un Zemmour lui a rallié la droite extrême, très en demande de figures médiatiques controversées. Se proclamer « antisystème » lui a paradoxalement ouvert toutes les portes, les unes après les autres. Son omniprésence télévisuelle, les très bons chiffres d'audience de son émission sur la chaîne d'info CNews en ont fait une personnalité qui pèse dans le débat. Il ne faut surtout pas minimiser son influence. Dans une France qui souffre d'inégalités de plus en plus marquées, une société profondément divisée en quête d'alternatives politiques, Éric Zemmour est devenu le héraut de la pensée française la plus réactionnaire. *Valeurs actuelles* l'a même désigné « Homme de l'année » en août 2020. Chaque fois qu'il le met en couverture, le journal fait un tabac. Zemmour a d'autres ambitions que des succès d'audience ou de librairie. Son combat vise clairement, maintenant, à détruire la France des Lumières, ouverte et tolérante. Il vibrait devant l'assaut du Capitole à Washington le 6 janvier 2021 et proclamait l'avènement du populisme. Ce type de polémiste sans vergogne a fait le lit, sur le modèle de Steve Bannon, d'un Donald Trump aux États-Unis ou d'un Jair Bolsonaro au Brésil, des populistes qui suintent la haine et le mépris, qui attisent les pires instincts des peuples, qui entretiennent l'insécurité et la violence. Et qui convainquent : Trump, malgré sa défaite, a réuni 74 millions d'électeurs.

Bien sûr, il faut combattre le communautarisme. Mais il faut le combattre avec les armes que nous a données la République. Je traque les dérapages. Je m'oppose à la moindre complaisance. Je dénoncerai toujours les discours d'un Edwy Plenel reprochant à *Charlie Hebdo* d'avoir entretenu « la guerre contre les musulmans ». Et je réfute pied à pied, avec la même énergie, le révisionnisme historique d'un Zemmour réduisant à la portion congrue le rôle de Pétain dans la déportation des Juifs de France, alors que le vieux Maréchal a validé sans ciller les lois sur le statut des Juifs, alors que, pas un instant, il ne s'est opposé aux rafles ni à aucune des mesures antisémites de Pierre Laval ou de René Bousquet. Zemmour tente de remettre au goût du jour la vieille théorie rancie du glaive et du bouclier, selon laquelle le général de Gaulle et le maréchal Pétain auraient, chacun à sa manière et de façon complémentaire, défendu la France. Ces contrevérités, ce tissu d'inepties, des historiens les ont démenties dès le début des années 1960. Eberhard Jäckel, Jean-Pierre Azéma, Serge Klarsfeld ou Robert Paxton ont démontré que la France de Vichy a collaboré pleinement et volontairement avec l'Allemagne d'Hitler jusqu'à la fin de la guerre. Pétain, c'est la haine de la République. Une haine qui vient de loin, une haine des Juifs, des francs-maçons, des démocrates… De Gaulle, lui, incarne la France libre, la France éternelle, celle qui n'admet pas l'abaissement de l'État. À la Libération, il ne restaure pas seulement la République, il restaure la démocratie. Dans la lignée d'un Maurras, Zemmour défend l'héritage des nationalistes de l'Action française. Je regrette que les médias ouvrent si largement leurs portes à quelqu'un dont le seul propos est un discours d'exclusion et de racisme, régulièrement condamné par la justice.

Pour lui faire face, quoi de plus efficace qu'une femme, noire, jeune, visage français du mouvement Black Lives Matter américain ? Évidemment, la notoriété d'Assa Traoré n'apparaît pas avec la mort de George Floyd, étouffé sous les genoux d'un policier le 25 mai 2020 sur un trottoir de Minneapolis. Mais ce drame, de l'autre côté de l'océan, trouve un écho incroyable, notamment en France ; il donne un nouvel élan au « décolonialisme », un courant de pensée apparu il y a quelques années et dont le but vise à réintroduire dans le débat la notion de race en stigmatisant l'oppresseur blanc face à l'opprimé noir. Ce mouvement est né de l'échec de la gauche à porter les revendications des jeunes des banlieues – j'assume ma part de cet échec politique. Ni moi ni d'autres au PS n'avons su l'empêcher. De nouveaux militants ont dénoncé les « trahisons » de SOS Racisme, à qui ils ont reproché d'avoir été « récupéré » par le pouvoir socialiste. Ils ont dénié aux partis de gauche et aux associations antiracistes traditionnelles le droit de les représenter. Ils ont proposé à toute une génération, touchée de plein fouet par la crise économique, une critique radicale de la société française, structurellement inégalitaire à leurs yeux et intrinsèquement raciste. Ces oubliés de l'égalité et de la fraternité, ces laissés-pour-compte de la République se sont vu offrir une nouvelle identité par les chantres du décolonialisme : une identité culturelle, liée à l'origine, à la couleur de la peau et à la religion. L'Histoire contemporaine a soufflé dans ce sens, attisant les braises du rejet après les attentats du 11 septembre aux États-Unis et avec le durcissement du conflit israélo-palestinien. La haine d'Israël d'un Alain Soral ou d'un Dieudonné a convergé avec l'antisionisme vindicatif d'une partie de la gauche et l'antisémitisme virulent de l'islam radical ; l'islamo-gauchisme est né de ces rapprochements improbables, contre-nature, inimaginables il y a seulement vingt ans. Le processus est parfaitement décrit, depuis des années, par Pierre-André Taguieff. En Grande-Bretagne, il a ravagé le parti travailliste avec la complicité active de son leader, Jeremy Corbyn. « L'islamisme, fossoyeur des gauches ! » écrit Jean Birnbaum dans *La Religion des faibles. Ce que le djihadisme dit de nous* (Seuil). Il a totalement raison. C'est l'un des intellectuels les plus lucides et les plus courageux sur la question.

À l'automne 2005, la mort de deux adolescents, Zyed Benna et Bouna Traoré, électrocutés alors qu'ils tentent d'échapper à un contrôle de police, embrase les banlieues. Trois semaines d'émeutes, la plus longue période de violences urbaines que la France ait connue… La colère, le ressentiment, le mal-être qui ronge les quartiers ont déjà structuré l'appel d'une nouvelle association, les Indigènes de la République, un appel lancé en janvier 2005 et signé par de nombreux élus de gauche, par des syndicalistes et par des universitaires. L'association devient un mouvement, puis un parti politique, qui dénonce des discriminations raciales à tous les niveaux de l'État et les lie au passé colonial de la France. Des médias comme Mediapart, le Bondy Blog ou Politis diffusent leurs thèses ; de nouvelles figures s'imposent, comme Rokhaya Diallo, Houria Bouteldja ou Éric Fassin. Sous leurs plumes, dans leurs bouches, se glissent les premiers signes d'une langue « racisée », dont la couleur de peau est l'unique marqueur. Dépassés, le marxisme et sa grille de lecture économique et sociale ! La guerre des races remplace la lutte des classes – le nouveau prolétariat a la peau sombre. Alimentée par les réseaux sociaux et les événements du printemps 2020 aux États-Unis, cette doctrine va trouver une résonance forte dans nos banlieues, parmi des gens qui se sentent depuis longtemps laissés pour compte par la République. Comment expliquer autrement le succès de la manifestation du 2 juin 2020 devant le Palais de justice de Paris ? « Justice pour Adama », demandent des milliers de manifestants, certains que cette affaire n'a pas été traitée avec équité, persuadés d'être les oubliés de l'État de droit, convaincus que la police française est une police raciste qui n'hésite pas à tuer.

Au-delà des contrevérités répétées par Assa Traoré sur la mort de son frère, délinquant multirécidiviste, sans aucun respect pour le travail de la justice, au-delà d'une histoire fabriquée par les médias pour satisfaire leur besoin d'images – pardon, mais Assa Traoré n'est ni Angela Davis ni Martin Luther King –, il y a la certitude, pour toute une partie des Français issus de la diversité, qu'être noirs ou musulmans fait d'eux des cibles. C'est aussi la thèse défendue par Mediapart : les musulmans, perçus comme une masse indistincte, seraient les victimes expiatoires d'une société qui a échoué à les intégrer, les nouveaux « damnés de la terre ». Dans cette perspective, l'unité nationale perd son sens ; la France devient l'addition de minorités au sein desquelles les lois de la République ne sont plus supérieures aux autres, notamment à celles imposées par la religion. Il n'est pas étonnant désormais de constater que 57 % des jeunes musulmans considèrent que la charia est supérieure à la loi de la République. L'égalité entre les citoyens a purement et simplement disparu, au profit des luttes communautaires. Vous contestez ? Vous êtes raciste. Vous répliquez ? Vous stigmatisez les musulmans ; vous êtes immédiatement traité d'islamophobe, ce mot inventé il y a trente ans pour clouer Salman Rushdie au pilori. La radicalité des discours a tué la modération. Comment voulez-vous vous faire entendre ?

Même les plus grands journaux outre-Atlantique, le *Washington Post* ou le *New York Times*, ont ouvert leurs colonnes aux égéries de la mouvance décoloniale française, les laissant développer une thèse simpliste : la France, plombée par son passé colonial, aveuglée par son combat pour la laïcité, serait un pays raciste, pratiquant l'exclusion de ses minorités. Après chaque attentat, nous devons supporter l'indignation de ces éditoriaux, leur suspicion, leurs leçons, la violence de leur théorie selon laquelle nous l'aurions bien cherché… C'est ne rien comprendre à notre pays. L'exception gauloise, *Charlie Hebdo* et ses caricatures, la loi de 1905, ce qui fait notre spécificité, tout cela n'a aucun sens pour les Américains. Leur soi-disant progressisme habille – déguise – une redoutable bien-pensance et un puritanisme viscéral qui abîment la gauche, aux États-Unis mais pas seulement. « Intersectionnalité », « privilège blanc » sont les concepts ou les mots chargés de sens que l'on cherche désormais à imposer partout. Dans mon propre pays, certains ont alimenté cette radicalité, qui est devenue l'une des clés du discours de quelques dirigeants au sein du Nouveau Parti anticapitaliste d'Olivier Besancenot, des écologistes, des communistes, ou encore des amis de Benoît

Hamon, le candidat socialiste à l'élection présidentielle de 2017. Jean-Luc Mélenchon s'y réfère constamment, comme tous ceux qui s'expriment au nom de son parti, la France insoumise. Ce n'est plus de l'ambiguïté, c'est de la complicité ; l'une des députées du mouvement, Danièle Obono, a d'ailleurs refusé de « pleurer Charlie » en janvier 2015 ; elle l'a parfaitement assumé sur son blog. Depuis, elle incarne la rupture, celle qui menace notre modèle laïque sous l'assaut des décoloniaux. Cette pensée a contaminé le syndicalisme enseignant ou étudiant. La Ligue de l'enseignement, la FCPE ou la Ligue des droits de l'Homme y ont aussi succombé.

Une autre députée proche de Mélenchon, Clémentine Autain, a appelé, en décembre 2015, à se rendre à un meeting controversé auquel participaient les têtes d'affiche de l'islam politique : Tariq Ramadan, qui venait de se déclarer « ni Charlie ni Paris », ou encore Marwan Muhammad, ex-porte-parole du Collectif contre l'islamophobie en France (CCIF). Lequel, ce 11 décembre 2015, moins d'un mois après le massacre du Bataclan, a longuement disserté sur l'effet des attentats, qu'il a qualifiés de « prétexte pour engager la guerre ». Rien de moins. À leurs yeux, Assa Traoré est l'emblème d'une révolte en marche, sa figure de proue, son héroïne. Mais non ! Non, Assa Traoré n'est pas une Antigone moderne. Non, je le répète, tous les Noirs et les musulmans ne sont pas des victimes. Non, on ne défend pas l'égalité en additionnant les revendications des minorités. Non, la police française n'est pas raciste, et la justice non plus. Nous devons être fermes sur ces questions, muscler notre corpus idéologique, le clarifier pour résister à ceux qui tentent, chaque jour, d'enfoncer les lignes républicaines. Heureusement, Caroline Fourest, Philippe Val, Mohamed Sifaoui, Bernard Rougier, Pascal Bruckner, Renée Fregosi, Zineb El Rhazoui et bien d'autres mènent le combat intellectuel. Mais la montée en puissance des thématiques identitaires n'est évidemment pas exempte de conséquences politiques.

La gauche s'est fracturée de manière durable, voire définitive ; j'avais raison en 2016, lorsque j'évoquais, lors d'une réunion publique à Corbeil-Essonnes, deux gauches irréconciliables. Et la droite ploie peu à peu sous le joug de l'extrême droite, qui mène une campagne effrénée sur le thème du « grand remplacement », de l'« islamisation de la société » et de la « trahison des élites ». Les digues sautent. La vague identitaire monte inexorablement, portée par le choc des attentats terroristes. Comme un Moloch, elle se nourrit des victoires culturelles de cette mouvance qui dissimule, derrière le visage emblématique d'Éric Zemmour, ceux de Marine Le Pen et de Marion Maréchal-Le Pen. Partout dans le monde, de manière systématique, la tenaille identitaire, si bien définie par mon ami Gilles Clavreul, affaiblit la gauche et renforce la droite réactionnaire.

La réponse d'apaisement portée par Emmanuel Macron pendant la campagne présidentielle de 2017 a fait long feu ; elle n'a pas tenu le choc du réel au moment de la confrontation avec la société française. Le macronisme, largement inspiré du libéralisme libertaire anglo-saxon, est né de la reconnaissance du fait identitaire, de la reconnaissance des minorités discriminées et de leurs aspirations religieuses. Son discours aux Bernardins, en avril 2018, devant la Conférence des évêques de France, dessinait les contours d'un corpus idéologique très éloigné de la conception républicaine de la laïcité : selon le président, le devoir de laïcité s'imposait à l'État, pas à la société. Quelle erreur. Macron s'est vite trouvé dans une impasse. Je l'avais averti, dans une tribune publiée par *Le Parisien* à la fin du mois d'avril 2018 : certes, la laïcité s'appuie sur des règles juridiques, mais ce n'est pas seulement un principe, c'est une valeur, partagée par l'immense majorité de nos compatriotes. La France n'est pas le Canada, pays des « accommodements raisonnables » avec la laïcité, gouverné par un Premier ministre, Justin Trudeau, qui s'est fait le héraut du multiculturalisme. Je suis convaincu que la réponse à cette crise identitaire passe par la mobilisation des ressorts profonds de notre histoire nationale. Les défenseurs d'une laïcité à la française ont le devoir impérieux de porter un nouveau projet républicain contre le nationalisme identitaire et le différentialisme communautaire. Chacun a son rôle à jouer. Il appartient à la gauche républicaine de se réinventer. Il faut lutter réellement contre les inégalités et les discriminations. Il faut refuser le déni sur les questions de laïcité et de sécurité. Il faut retrouver l'oreille des Français. Nous devons réinventer une histoire collective, un imaginaire commun qui entraîne tout le pays. À mes yeux, c'est *le* grand enjeu de 2022.

CHAPITRE 17

Blanche

Je crois pouvoir affirmer sans me tromper que je ne suis pas connu pour mon humour débridé. De moi, on dit plutôt sans hésiter : « C'est pas un marrant… » Pas aussi austère que Lionel Jospin, mais pas loin ! J'admets. Mieux, je plaide coupable : je ne suis pas un type rigolo. Je n'ai aucun talent d'imitateur ; contrairement à Bernard Cazeneuve, si habile à reproduire les intonations d'un autre, je ne sais être que moi-même. Je n'ai pas non plus la drôlerie de François Hollande, ses traits d'esprit qui font mouche, ce sens inné de la plaisanterie qui lui a été maintes fois reproché mais qui a su nous redonner un souffle de légèreté dans les moments les plus dramatiques que nous avons traversés tous les trois. Pourtant, j'aime rire ! Les histoires un peu vulgaires, les blagues grossières, le cynisme du second degré, je sais me lâcher. Simplement, j'ai besoin d'être en confiance, en très petit comité. Ma carrière politique, longue déjà, a fait de moi un personnage controversé, rudement moqué et parfois violemment insulté. J'ai appris à me protéger, à maintenir la distance – une absolue nécessité pour survivre et durer en milieu hostile ! J'en ai pris mon parti. Lorsque je sens que je pourrais être atteint, je me souviens de ce que disait Jean Gabin dans *Le Président*, un film d'Henri Verneuil : « Je crois avoir été l'un des hommes les plus détestés de son époque. Ce fut longtemps mon chagrin. C'est aujourd'hui mon orgueil. »

Loin de la France, j'ai pu mesurer combien je tiens à son humour. Les jeux de mots, les caricatures, l'absurde… Notre pays a une langue particulière pour s'amuser. Pierre Dac, Francis Blanche, Fernand Raynaud, Raymond Devos – tous français ! J'ai grandi en écoutant « Le Tribunal des flagrants délires », émission culte diffusée sur France Inter ; j'ai découvert Thierry Le Luron, Coluche ou Jean Yanne dans leurs sketchs à la télévision. Plus tard, le cinéma m'a ouvert de nouveaux univers : je connais toutes les aventures du *Grand Blond avec une chaussure noire*, celles des *Bronzés* aussi, je peux réciter les répliques du *Père Noël est une ordure*, celles de Louis de Funès dans *Rabbi Jacob*. La finesse de Guillaume Gallienne dans *Guillaume et les garçons, à table !* fait ma joie, comme un dialogue entre Lino Ventura et Bernard Blier dans *Les Tontons flingueurs*. Michel Audiard, un maître ès dialogues… Bien sûr, je ris aussi devant des films étrangers : *La Folle Histoire du monde* de Mel Brooks, les Monty Python, Charlie Chaplin ou les Marx Brothers. Mais je crois qu'il faut être français pour apprécier certains monuments du cinéma, *Les Valseuses* ou *Buffet froid* de Bertrand Blier :

Susana, ma femme, n'y est pas sensible du tout. Gérard Depardieu « décontracté du gland » à la fraîche ne lui inspire même pas un sourire.

Je suis très bon public ; je n'ai pas honte d'aimer Roland Magdane ou les Inconnus, ni d'écouter Rire & Chansons quand je cours. Pour rien au monde je n'aurais refusé l'invitation de Philippe Bouvard lorsqu'il m'a proposé de participer aux « Grosses Têtes », sur RTL. Je suis fier de ne pas y avoir été ridicule ! Les imitations de Nicolas Canteloup et de Laurent Gerra m'impressionnent, je les considère comme des artistes à part entière. Et je ne serai jamais le dernier à aller voir des succès populaires comme *Les Visiteurs* ou *Les Ch'tis*. je sais combien il est difficile de faire rire, le drame de se produire devant un public que vos tirades laissent de marbre. Je me souviens d'une intervention de Rufus, personnage ô combien délicat et fin, devant ma classe de quatrième au lycée Charlemagne ; un moment de grâce, qui a hélas complètement échappé aux pauvres adolescents ricanants que nous étions. Pendant longtemps, je n'ai pas raté les « Revues de presse » de Guy Bedos, me réjouissant de la férocité avec laquelle il assassinait la droite ; je m'en suis détourné en vieillissant, je ne voyais plus que l'amertume et la méchanceté dans ses bons mots pour crucifier la gauche. J'évolue avec mon époque : le regard de Jamel Debbouze sur les jeunes des quartiers me touche, moi, ancien élu de banlieue, ex-maire d'Évry ; beaucoup plus urbaine et élitiste, la dérision des Nuls, qui a accompagné la « génération

Canal+ » et à laquelle Alain Chabat a donné une seconde vie dans « Burger Quizz », me fait toujours sourire. Mes enfants ont grandi avec « Les Guignols de l'info ». Lorsque je suis entré au gouvernement, en 2012, je craignais autant que je l'espérais l'apparition d'une marionnette à mon effigie. Elle est venue quelques jours après ma nomination place Beauvau, sanglée dans un imper blanc ; cet imper, je ne l'ai porté qu'une seule fois, à Marseille, lors de mon premier déplacement de ministre. J'ai senti immédiatement qu'il n'était pas adapté, ni à la température ni à la situation – trop voyant, trop blanc. Je me suis dévêtu dès que j'ai pu ; il était déjà trop tard.

Par-dessus tout, par-dessus tous, j'adore Pierre Desproges. Comme des centaines de milliers de Français… Ça n'a absolument rien d'original ; ça n'en est pas moins vrai. Les réquisitoires du procureur Desproges devant le « Tribunal des flagrants délires » sont des moments d'anthologie ; j'ai la chance d'avoir entendu en direct celui prononcé contre Jean-Marie Le Pen : « Peut-on rire de tout ? Oui, sans hésiter. Peut-on rire avec tout le monde ? C'est dur (…). C'est quelquefois au-dessus de mes forces, dans certains environnements humains : la compagnie d'un stalinien pratiquant me met rarement en joie. Près d'un terroriste hystérique, je pouffe à peine, et la présence à mes côtés d'un militant d'extrême droite assombrit couramment la jovialité monacale de cette mine réjouie… » Pour la plupart des Français, aujourd'hui, c'est une citation, tellement utilisée qu'elle finit par relever du vocabulaire usuel ; pour moi, c'est un souvenir jubilatoire. Il fallait être Desproges pour écrire : « Il vaut mieux rire d'Auschwitz avec un Juif que jouer au Scrabble avec Klaus Barbie. » Il fallait être Desproges pour commencer un sketch en lançant : « On me dit que des Juifs se sont glissés dans la salle… » Il fallait être Desproges pour dire de quelqu'un qui vendait des millions de disques : « J'aime beaucoup Julio Iglesias. Dommage qu'il chante » – les plus jeunes me demanderont qui est Julio Iglesias ; les autres auront au moins souri. C'était en 1983 dans un fauteuil d'« Apostrophes », l'émission littéraire la plus regardée de l'époque. Ce cynisme, il se l'est appliqué à lui-même, alors qu'il se savait atteint d'un cancer : « Chimiothérapie, métastases, professeur Schwartzenberg, espoir : cherchez l'intrus ! » Mais Pierre Desproges, c'est aussi la poésie de « La Minute nécessaire de monsieur Cyclopède », « Étonnant non ? », ou l'offensive féroce contre l'Académie française dans son livre *Vivons heureux en attendant la mort.* Il maniait la langue avec une telle virtuosité qu'il aurait fini par entrer sous la Coupole contre sa propre volonté, j'en suis convaincu !

Je fais le pari qu'en France, on peut encore faire rire en percutant l'ordre établi. Évidemment, Michel Leeb ridiculisant l'accent africain relève désormais de l'impossible, et c'est heureux pour ceux que cette caricature outrancière blessait ; mais je veux croire qu'il existe encore des humoristes capables de dire des choses qui dérangent. Peut-être est-ce plus facile pour une femme ? Dans ma génération, elles ont peiné à se frayer un chemin – combien d'hommes pour une Sylvie Joly ou une Jacqueline Maillan ? J'aime beaucoup Muriel Robin, Anne Roumanoff et Florence Foresti ; je trouve Valérie Lemercier formidable. Mais aucune n'est aussi trash, aussi cash que Blanche Gardin. Des attentats à la sexualité féminine, elle n'élude rien, au contraire : plus ça gêne, plus elle gratte. Je n'ai pas eu la chance de la voir sur scène, mais j'ai regardé les retransmissions de ses spectacles à la télévision ; quelle présence ! Accrochée à son micro, droite comme un i, d'une petite voix égale elle passe la société au lance-flammes, digne héritière des meilleurs comiques français. Elle dérange d'autant plus qu'elle a un visage d'ange, apprêtée comme une jolie poupée. Plus elle me met mal à l'aise, plus elle m'enchante. Elle ose tout. Je l'ai découverte sur Canal+ dans la série *WorkinGirls*, en caricature de pauvre fille. J'ai lu qu'elle s'était fait connaître au « Jamel Comedy Club », une pépinière de talents, le lieu qui a fait de l'humour un formidable levier d'ascension sociale pour les gamins des cités. Hier c'était Canal+ : la chaîne télé a lancé Omar et Fred, Kad et Olivier, Éric et Ramzy ; maintenant c'est le stand-up, le seul en scène, et le buzz sur les réseaux sociaux. Deux spectacles, *Je parle toute seule* et *Bonne nuit Blanche*, ont poussé Blanche Gardin dans la cour des plus grands. Comme tous les amuseurs – je pense notamment à la mélancolie joyeuse d'un Édouard Baer, qui incarne lui aussi à merveille l'esprit français –, cette femme me semble lutter surtout contre sa part d'ombre ; elle se dévoile un peu dans ses interviews, aborde en creux ses tourments, ses difficultés à coexister avec elle-même. Fille d'intellectuels, titulaire d'un DEA en sociologie, rien ne l'a empêchée de perdre pied, de dériver vers la rue et sa vie d'errance – « J'ai été punk à chien », disait-elle en 2017 dans l'émission « C à vous ». J'en avais été stupéfait. Et d'autant plus content de la voir recevoir deux Molières. Les deux fois, ses discours ont provoqué un malaise dans la salle… Blanche Gardin s'inscrit dans la longue tradition française d'un humour non consensuel, grinçant, noir souvent. Puisse-t-elle nous obliger longtemps à regarder ce dont on préfère toujours détourner le regard.

CHAPITRE 18

Vianney, tout pour la musique

Je suis un enfant du « Hit-Parade ». Au collège, je fais mes devoirs en écoutant André Torrent sur RTL, je fredonne Michel Sardou, Nicole Croisille, France Gall et Clo-Clo. Plus tard j'adore « Stop ou Encore », sur RTL toujours, avant de passer sur Europe 1 pour le « Top 50 », un classement pas très scientifique qui fait la part belle à la variété française, ma préférée. Je chante faux, je n'ai aucune oreille et à peu près autant de sens du rythme, mais ça m'est égal : Georges Brassens, Serge Reggiani, Charles Aznavour, Serge Lama, Léo Ferré, Georges Moustaki, Jacques Brel, Michel Delpech, Barbara, Serge Gainsbourg, Véronique Sanson – j'aime tout, aussi bien les yéyés que la chanson populaire. À la maison, mes parents écoutent plutôt du jazz, du flamenco ou du classique ; grâce à eux, je découvre aussi le ballet avec une représentation du *Lac des cygnes* à Garnier, et l'opéra – j'ai à peine dix ans la première fois que j'assiste à *L'Enlèvement au sérail.* Mozart, Wagner, Verdi ne me quitteront plus. Plus tard, évidemment, j'assiste aux concerts des Rolling

Stones en juin 1982 à l'Hippodrome d'Auteuil, à l'Olympia en juillet 1995 et au Stade de France en juillet 1998. Mais la chanson française a une diversité particulière, un registre qui va du tube de l'été aux auteurs-compositeurs engagés pour raconter les émotions d'une société, son évolution, sa modernité. Toujours, les Français ont chanté ; c'est un élément clé de notre culture populaire, de notre mémoire partagée. Prenez Charles Trenet. Qui est plus éminemment français que ce « fou chantant » ? Qui, plus que lui, a glorifié la France rêvée, idéale, la France mythique de la Nationale 7 et des clochers de villages ? La « Douce France » qu'un jour ou l'autre tout le monde a fredonnée ?

À Évry, la ville dont je suis maire, le rap intègre mon univers. Je deviens même l'ami de Disiz la Peste, que je marie. Je vois ces artistes sortir du ghetto, MC Solaar, Akhenaton, Grand Corps Malade, Diam's bien sûr – « La Boulette », et surtout « Marine », un texte fort et puissant contre Marine Le Pen. Autant de rappeurs que mes enfants écoutent en boucle ; ma fille, surtout, me fait partager son émotion sur les beaux textes d'Abd al Malik. Je suis heureux d'aider la musique du monde à irriguer la France en ouvrant la Fête de la musique d'Évry au Sénégalais Youssou N'Dour, aux Cubains du Buena Vista Social Club ou au raï de Cheb Khaled. Ces voix étrangères nous nourrissent, comme elles ont enrichi notre littérature et notre cuisine. Dans ma vie privée aussi, la musique est une constante ; ma deuxième femme, Anne, est une merveilleuse violoniste, et l'un de mes amis les plus chers, Vincent Frerebeau, est producteur musical. Vincent, je voudrais parler de lui ici. Il a sa place dans ce livre ; il en est l'un des visages. Vincent, c'est un coup de foudre amical, une très belle rencontre, un dialogue qui dure depuis presque dix ans. Avec sa femme, Cléo, ils m'ont soutenu dans les moments les plus difficiles de mon existence. Ils ont passé une année à Barcelone, où ils ont adopté Susana. Vincent aime la vie, il la dévore. Derrière son appétit, sa faconde, son éternelle bonne humeur, ses blagues, son refus de s'engoncer dans une veste et une cravate, se dissimule un patron de label, coriace et talentueux. Il s'est imposé face aux majors de l'industrie musicale, grâce au flair dont il a toujours fait preuve. Il a l'œil et l'oreille pour repérer les gamins qui vont avoir du succès.

Un jour, en 2013, Vincent me parle d'un jeune type un peu fleur bleue, assez doux, très gentil. À l'époque, le gamin a vingt-deux ans, et il s'inscrit dans la tradition des auteurs à textes, Michel Berger, Jean-Jacques Goldman, Francis Cabrel. Il aime composer, il a une jolie voix et un prénom peu ordinaire : Vianney. Il se trouve que Catherine, sa compagne, violoncelliste, joue souvent avec Anne. Vianney, c'est exactement le profil qui m'intéresse – un peu comme Benjamin Biolay ou Vincent Delerm, dont j'aime beaucoup l'authenticité. Vincent nous fait écouter les premières maquettes, nous invite aux premiers concerts. Le succès est fulgurant. Tout de suite, un tube, « Pas là ». En trois ans, Vianney passe par le Café de la Danse, le Trianon, la

Cigale, l'Olympia, le Zénith, Bercy... Un phénomène ! En 2016, aux Victoires de la musique, il remporte le titre d'artiste-interprète de l'année. Son premier album est disque de platine, le deuxième disque de diamant. En 2017, il obtient la Victoire de la chanson originale. Entre-temps, je l'ai invité à Matignon pour la Fête de la musique de juin 2015. Triomphe assuré.

Je suis conquis par cet artiste. Vianney en est un à part entière, un auteur-compositeur-interprète dans la plus pure tradition française, un chanteur qui aime chanter, tout simplement. On sent qu'il est heureux avec sa guitare, et c'est un bonheur communicatif qu'il a à cœur de partager. Son public, large, familial, compte autant d'adolescents que de quinquagénaires. Avec tous, le lien est fort parce qu'il est vrai, sincère, chaleureux. Je suis bluffé par ce garçon qui a l'âge de mon fils aîné et qui affiche un optimisme indéfectible, un sourire d'enfant joyeux. Et ce côté désuet, avec ses chemises à carreaux, indifférent à la mode et pourtant si sensible à l'air du temps. Il n'est ni Johnny Hallyday, qui m'a fait vibrer au Stade de France, ni Patrick Bruel, mon copain. Vianney, c'est la simplicité des sentiments, la poésie des petites choses de la vie. Et avec quel talent ! Il écrit pour lui, mais aussi pour les autres : la collaboration avec Johnny, si elle n'avait pas été brutalement interrompue par la mort de ce dernier en décembre 2017, aurait donné quelques tubes, j'en suis convaincu. Vianney compose la musique, invente les arrangements. Il est curieux de tout, en phase avec son époque sans céder à ses travers, proche des gens, attentif surtout à ceux qu'on ne voit plus : dans son clip « Merci pour ça », il met en scène, avec une grande pudeur, Karim, croisé alors qu'il vivait dans la rue.

Oui, les chanteurs engagés existent encore. Quand beaucoup d'artistes se sont défilés, Vianney a accepté sans hésiter de se produire au Bataclan pour aider le lieu à revivre. Le 21 mars 2017, je suis allé l'écouter dans cette salle martyrisée ; j'étais fébrile, angoissé. Avec des mots simples et précis, avant de commencer à chanter, il a parlé de douleur, de reconstruction, de vie, de musique, de culture. Sa maturité m'a impressionné. Ce soir-là, son duo avec MC Solaar nous a tous bouleversés, la maîtrise de la voix, le ton juste. Et pour ceux qui en doutent encore, il suffit de l'écouter reprendre « Jerusalema » en zoulou a capella pour prendre la mesure de son talent. D'ailleurs les chiffres sont impressionnants : son duo avec Maître Gims sur la chanson « La Même » a fait 172 millions de vues sur YouTube, sa chanson « Je m'en vais » est restée au sommet des classements pendant plusieurs semaines, l'album éponyme aussi. En 2019, il a signé l'hymne des Enfoirés ; il est désormais juré dans l'émission « The Voice », sur TF1. Tout réussit à Vianney ! Et malgré ça, malgré cette exposition maximale, le gamin ne change pas. Ni l'argent, ni le succès, ni la notoriété ne semblent avoir prise sur lui ; il est fidèle au label de mon ami Vincent, Tôt ou Tard, fidèle à ses convictions. Il n'a pas peur de s'exprimer sur la rémunération des artistes, sur les problèmes liés au streaming, sur les droits d'auteur, sur tout ce que la plupart des artistes évitent d'aborder en public – honnêtement, il continue de m'impressionner.

Dans un monde dominé par les Anglo-Saxons, je trouve absolument formidable qu'un jeune homme choisisse d'exprimer ce qu'il ressent dans sa langue maternelle, le français. Oui, on peut parler d'amour en français, oui, on peut avoir des mots forts dans la langue de Molière, oui, on peut chanter en français sans être un *has been*. On peut même parler de la Covid en français – Vianney a été malade pendant le confinement, touché par le virus, il l'a dit lui-même dans une interview au *Parisien*. « N'attendons pas », une chanson écrite pour Johnny il y a quatre ans et qu'il a adaptée à cette période difficile, est un merveilleux hymne à la vie. C'est ça aussi, notre exception culturelle. Je la défends pour qu'elle ne disparaisse pas, pour que d'autres jeunes talents puissent émerger malgré le niveau des Anglo-Saxons, malgré les prouesses d'un Michael Jackson ou d'un Prince. Encore une fois, j'apprécie la musique du monde, Shakira m'enthousiasme, j'écoute en boucle Rosalía, le nouveau phénomène espagnol qui revisite le flamenco, la pop et le R'n'B, les sons des instruments africains me bouleversent. Mais comme je suis content que parler de musique française ait toujours un sens. Mon pays, ce ne sont pas seulement les gilets jaunes, les manifestations violentes, les black blocs ; la France, c'est aussi un chanteur comme Vianney, à qui le succès n'est pas monté à la tête, et qui a choisi cette voie par vocation, par passion, par conviction. Il incarne, à mes yeux, la fidélité à son idéal.

CHAPITRE 19

Le Caillou

Les métropolitains parlent souvent du « Caillou » à propos de la Nouvelle-Calédonie. C'est un terme que j'emploie rarement ; il me semble relever d'un vocabulaire colonial dépassé. Non que j'aie l'obsession de la repentance – au contraire, ceux qui la brandissent en exigeant remords et contrition m'agacent prodigieusement. Cessons de projeter dans le passé nos débats et nos obsessions d'aujourd'hui. Nous ne pouvons rien effacer ni défaire. Tous les peuples sont le fruit d'une histoire. Celle de la France raconte un empire ultramarin, des colonies, des guerres de conquêtes, la traite négrière, l'enrôlement forcé des populations autochtones dans nos armées, le pillage des économies locales, une main basse sur la culture. N'oublions rien. Ne passons rien sous silence. Le travail de mémoire va dans le sens de l'Histoire.

Pour autant, soyons honnête : le général de Gaulle s'est appuyé sur la force de nos colonies et notre présence sur les cinq continents pour imposer la France libre aux Alliés. En 2021, le français est encore la langue de trois cents millions de personnes dans le monde ; au sein de cet espace partagé qu'est la francophonie, nous avons toujours en commun des valeurs, une culture, un avenir. Pourquoi le nier ? « La nation, comme l'individu, est l'aboutissant d'un long passé d'efforts, de sacrifices et de dévouements (...). Un héritage de gloire et de regrets », écrit Ernest Renan dans *Qu'est-ce qu'une nation ?* La culpabilité ne produit rien. J'assimile le déboulonnage des statues à une forme de révisionnisme historique ; alors, après Colbert, qui ? Jules Ferry ? Comment peut-on effacer ce que ces hommes ont apporté de grand à la France, un État fort, un système économique moderne, l'école gratuite et obligatoire pour tous les enfants ? Comment peut-on les réduire à ce qui, à leur époque, n'avait rien d'hors norme ? Le contexte historique n'est pas une notion abstraite. Rappelons enfin que l'esclavage a été aboli en France en 1848 grâce à Victor Schœlcher, et que sous l'impulsion de Christiane Taubira nous avons reconnu l'esclavage et la traite négrière comme des crimes contre l'humanité. C'est l'honneur de la République.

En 2018, je démissionne de mon poste de député pour venir m'installer à Barcelone. Renoncer à la présidence de la mission sur l'avenir de la Nouvelle-Calédonie me coûte plus. Cette mission m'est confiée au début de la législature ; chacun connaît mon engagement pour ce territoire. Sitôt ma nomination officielle, en 2017, je me rends sur place avec une délégation de députés. Je prends davantage de temps pour écouter la nouvelle génération politique, pour approfondir ma connaissance de la réalité de l'île. Je découvre que j'y suis très profondément attaché. Comment ne pas se laisser envoûter par son histoire, ses paysages, ses traditions, ses coutumes, par les chants mélanésiens ? Parmi les bouts de France, tous attachants, éparpillés dans les océans, la Nouvelle-Calédonie occupe une place à part. La plupart des métropolitains ont découvert son existence entre les deux tours de l'élection présidentielle de 1988, avec la prise d'otages d'Ouvéa. Le 5 mai, l'assaut est donné sur une grotte où des indépendantistes retiennent des gendarmes ; l'opération Victor se termine dans le sang, avec la mort de dix-neuf militants kanaks et de deux membres des forces de l'ordre. C'est l'aboutissement de quatre années de troubles.

Quand Michel Rocard est nommé Premier ministre, le 10 mai 1988, après la large victoire de Mitterrand, la Nouvelle-Calédonie est au bord de la guerre civile. Mais en quelques semaines, grâce à des négociations discrètes, le miracle de la réconciliation a lieu. Jean-Marie Tjibaou et Jacques Lafleur se serrent la main. Les accords de Matignon sont signés ; en novembre 1988, un référendum appelle tous les Français à valider le processus et lie les deux parties pour au moins dix ans. Une presse unanime salue la « méthode Rocard ». Je rejoins la rue de Varenne à ce moment-là. Benjamin de l'équipe, je suis dépêché par le directeur de cabinet du Premier ministre pour transférer dans un bureau parisien une sacoche de billets pris sur les fonds secrets pour financer la campagne référendaire... Autres temps, autres mœurs. Je peux dire en tout cas que moi aussi, j'ai participé à la paix calédonienne. Les accords de Matignon vont inspirer, sans altération ni retour en arrière, l'action de tous les gouvernements qui vont suivre. En 1989, l'assassinat de Jean-Marie Tjibaou et de son bras droit Yeiwéné Yeiwéné par un Kanak opposé aux accords de Matignon ne change rien au processus engagé ni au respect de la parole donnée. En 1998, l'accord de Nouméa, conclu sous l'égide de Lionel Jospin, prolonge le calendrier initial et prévoit les référendums de 2018 et 2020.

Quand je suis nommé à Matignon en mars 2014, j'ai en mémoire cette histoire, cette méthode. Je me sens comptable de la paix retrouvée. Tout cela m'aide à préparer les rencontres avec les représentants des différentes formations du territoire. Les réunions du comité dit « des signataires de l'accord de Nouméa » se tiennent depuis toujours au fond du parc de Matignon, rue de Babylone. Je noue avec l'ensemble des acteurs, indépendantistes et non-indépendantistes, une relation directe et de confiance. La liste des thèmes à traiter est impressionnante : avenir institutionnel, préparation de la consultation à l'accession à la pleine souveraineté, litige sur la composition des listes électorales, transfert de compétences vers les trois provinces qui composent l'archipel, avenir économique avec le délicat dossier du nickel – le territoire en est l'une des principales réserves mondiales –, montée des inégalités, hausse de la délinquance… Autant de sujets qui vont m'accompagner pendant trois ans, et que j'ai en tête lorsque je me rends sur place en 2016. Ils me tiennent à cœur. Là-bas, des hommes ont payé le prix du sang.

Je me suis souvent demandé pourquoi la Nouvelle-Calédonie occupait tant de place dans l'histoire de notre pays. Le pouvoir métropolitain a consacré à cet îlot du cœur du Pacifique, qu'il faut vingt-quatre heures d'avion pour rejoindre depuis Paris, plus de temps, d'énergie et d'argent qu'aux autres territoires ultra-marins. Plus qu'à la Corse. Plus qu'à certains territoires de métropole. À première vue, c'est un paradis. Les eaux turquoise du lagon, la végétation luxuriante, la faune marine, la terre rouge de nickel, tout garantit l'exotisme du dépaysement. Et l'accueil des Calédoniens est à l'avenant : j'ai encore en mémoire la liesse populaire qui a salué mon passage à Lifou avec Christian Karembeu, le champion du monde de 1998, natif de l'île. J'étais le Premier ministre ; il était le héros. Mais la beauté des lieux et la générosité des autochtones ne justifient pas l'engagement du sommet de l'État. Les échanges commerciaux n'offrent aucun avantage que la Polynésie française, pas si lointaine, ne donne aussi. Alors quoi ? Pour moi, sans aucun doute, ce qui nous attache si passionnément à la Nouvelle-Calédonie, c'est la volonté des Kanaks et des Caldoches, des Mélanésiens et des Européens, de tracer un destin commun. Nous nous reconnaissons dans cet acharnement à surmonter des divergences profondes pour se concentrer sur ce qui rassemble, ce qui unit. La parole plus forte que les armes, l'apaisement plus fort que la colère, le lien plus fort que la rupture : la Nouvelle-Calédonie est un exemple symbolique pour nous tous. Sur place, tout vous rappelle un passé tourmenté ; mais tout vous parle aussi de la paix si chèrement acquise.

C'est une terre qui me fascine depuis longtemps. Depuis que j'en sais un peu plus sur son passé de colonie pénitentiaire... Le bagne a façonné cette île, conquise par la France en 1853. Les délinquants et les criminels de droit commun sont les premiers à arriver. À leur libération, ces prisonniers ont l'obligation de doubler leur peine dans la colonie ; l'État leur donne une parcelle à cultiver, pour les convaincre de s'installer définitivement. L'idée : imposer en quelques années un peuplement d'Européens. Très vite, le premier statut de l'indigénat crée des « réserves autochtones » pour les Mélanésiens, les dépossédant peu à peu de leurs propres terres, niant leur droit à vivre en un lieu qu'ils occupent depuis des millénaires. Après la Commune de Paris, arrivent les condamnés politiques, déportés ou définitivement bannis. Parmi eux, le polémiste Henri Rochefort, qui réussira à s'échapper de cet enfer, et surtout Louise Michel, figure de la révolution, communarde militante, anarchiste, féministe convaincue, à laquelle Victor Hugo a consacré un poème magnifique, *Viro Major* : « Je viens de la nuit où l'on souffre ; Dieu, je sors du devoir dont vous faites un gouffre ! » Louise Michel y passera sept ans, et elle exercera son métier d'institutrice à Nouméa après avoir appris la langue des Kanaks. Elle leur consacrera un livre, *Légendes et chansons de gestes canaques*, publié après son retour et l'amnistie générale de 1880. Plus tard, la métropole déporte des Kabyles, coupables d'avoir pris part à la révolte du cheikh El Mokrani en Algérie, et beaucoup de femmes, qui acceptent d'échanger une peine de prison contre cet exil mélanésien : elles convolent avec d'anciens bagnards, participant ainsi à une colonisation de peuplement brutale et agressive. Aujourd'hui, ce passé n'est plus une honte. Les descendants des bagnards revendiquent leur filiation.

À l'apogée du colonialisme, la population kanak manque disparaître, victime des maladies, de l'alcoolisme, de la famine, des insurrections et des répressions sanglantes qui ont suivi. En 1878, le grand chef Ataï, leader de la lutte contre les colonisateurs, est capturé et décapité ; sa tête est envoyée à Paris dans un bocal. En 2014, je suis le Premier ministre qui rend son crâne à sa tribu, comme le prévoyaient les accords de Matignon. La liste est longue des humiliations subies ; l'une des plus terribles date de 1931 : à l'occasion de l'exposition coloniale de Paris, un groupe de Kanaks est présenté en cage au Jardin d'acclimatation. Ce « zoo humain », insupportable, indigne, demeure une blessure dans la mémoire kanak et une tache sur l'histoire de la République. La décolonisation est engagée après la Seconde Guerre mondiale avec l'abolition du code de l'indigénat et l'accession des Kanaks aux droits civiques. Accession qui demeure longtemps théorique : ils devront attendre 1957 pour que le suffrage universel leur soit étendu. Ils créent des organisations politiques et syndicales avec le soutien des Églises catholique et protestante, revendiquent une culture propre et une identité mélanésienne. Leurs aspirations butent sur le conservatisme de la métropole, qui n'engage aucune réforme réelle. Des inégalités de plus en plus criantes renforcent progressivement la revendication indépendantiste ; le face-à-face entre Kanaks et Caldoches prend forme, jusqu'aux événements dramatiques de 1988.

Je ne souhaite pas l'indépendance de la Nouvelle-Calédonie. Il me semble que la France serait moins belle, moins forte sans son archipel ; par ailleurs, je reste convaincu que la métropole aide les Calédoniens à résister à une Chine de plus en plus entreprenante, qui tente d'étendre sa zone d'influence à tout le Pacifique. Mais c'est à eux d'écrire leur histoire. En 2018, les résultats de la consultation électorale ont été plus serrés que je ne l'imaginais : seulement un peu plus d'un Calédonien sur deux a refusé l'indépendance. En octobre 2020, le « non » l'a encore emporté, mais il a perdu des voix. Un dernier scrutin est prévu en 2022. J'y pense avec un peu d'inquiétude… Quoi qu'il arrive, il faut avancer, ne rien renier de ce passé tourmenté mais regarder vers l'avenir, bâtir ensemble. Je fais confiance au terme « Kanak », qui vient de l'hawaïen signifiant « être humain ». Il indique le chemin d'une identité singulière, multiple – définitivement mélanésienne ; résolument française.

CHAPITRE 20

Adieu Solférino

Depuis trois ans, je l'évite. Je lui tourne le dos quand je l'aperçois, je bifurque, je regarde ailleurs. Quand je quitte les Tuileries et que je rejoins la rive gauche par la passerelle Léopold-Sédar-Senghor, les matins où je vais courir, je la contourne toujours ; au pied de la statue de Thomas Jefferson, je prends à gauche, je passe le musée d'Orsay et je rentre par une rue parallèle. Quand par hasard je lui jette un regard, j'ai la gorge qui se serre, d'émotion et aussi de colère. La rue de Solférino. « Solfé », pour les intimes. L'adresse du siège du PS du printemps 1981 à l'automne 2018. Presque quarante ans de mon existence de militant. Des succès, des défaites, des ruptures, des engueulades mémorables, des amitiés indéfectibles. De grands moments de bonheur ; de longues heures de douleur. Le pire et le meilleur. J'y ai plus de souvenirs que si j'avais mille ans, c'est mon *spleen* personnel.

Cette rue sans âme créée sous le Second Empire doit son nom à une victoire de Napoléon III en Lombardie contre les Autrichiens. Qui le sait ? Au numéro 10, un vieil hôtel particulier a connu plusieurs vies : Maison des syndicats sous le Front populaire ; ministère de l'Information pendant la collaboration avec l'occupant allemand – Philippe Henriot, chef de la propagande du régime de Vichy, y est abattu le 28 juin 1944 ; la Milice assassinera Georges Mandel de plusieurs balles dans le dos en guise de représailles. Après la guerre, les syndicats reviennent. Le Rassemblement du peuple français, fondé par de Gaulle en 1947, établit son quartier général sur le trottoir d'en face, au numéro 5. L'ancien chef de la France libre y a ses bureaux, avant que les locaux ne soient occupés par le sulfureux Service d'action civique, le SAC. Aujourd'hui, c'est le siège de l'Institut et de la Fondation Charles de Gaulle. Les socialistes, eux, s'installent donc au 10 de la rue de Solférino pendant la campagne présidentielle de François Mitterrand, en 1981. À l'aube de l'alternance, ils ont à cœur de rester dans ce quartier des ministères et du Parlement, l'épicentre du pouvoir. Je me souviens de notre enthousiasme, de notre ardeur. Que de promesses dans ces vieux murs ! Nous étions aux portes du Palais. La gauche allait « changer la vie »... Le soir de l'élection de Mitterrand, je ne suis qu'un simple militant ; mais des amis me font pénétrer dans le saint des saints pour célébrer avec eux cette victoire historique. Combien de fois vais-je franchir ces grilles ?

À l'époque, je dois montrer patte blanche. Nathalie Poperen a l'œil sur tous ceux qui passent le seuil, surtout lorsqu'ils ont rendez-vous avec son mari, Jean Poperen, le numéro 2 du parti. L'ambiance est joyeuse ; nous sommes encore dans l'enthousiasme et l'exaltation des premières semaines du pouvoir. Je croise Lionel Jospin, Bertrand Delanoë, Pierre Joxe, Paul Quilès, les autres, tous les « éléphants » du parti. Au Mouvement des jeunes socialistes, j'ai le sentiment d'être exactement là où je voulais être. Ma place est à Solfé. À vingt-trois ans, en mars 1986, je deviens conseiller régional. En 1993, j'intègre la direction socialiste aux côtés de Michel Rocard, après le putsch qui a délogé Laurent Fabius. Jean-Luc Mélenchon, Jean-Paul Huchon, Jean Glavany, Julien Dray, Jean-Christophe Cambadélis – quelle équipe... Nous nous divisons vite, mais nous nous retrouvons pour pleurer Pierre Bérégovoy, qui se suicide le 1er mai 1993. Mourir un 1er mai, terrible symbole. J'aimais cet homme d'origine modeste, qui ne supporta pas la défaite, ni l'éloignement de ses camarades après des accusations de corruption. Le 17 mai 1995, je suis dans la cour pour écouter le discours d'adieu de François Mitterrand, qui vient de quitter l'Élysée. Il est déjà très affaibli par la maladie. À Solfé, pendant qu'il parle, beaucoup de militants sont en larmes. Le 7 juillet 2016, au même endroit, je prononce l'éloge funèbre de Michel Rocard – c'était l'une de ses dernières volontés. Le 29 janvier 2017, au soir de ma défaite à la primaire citoyenne, je passe quelques minutes rue de Solférino. Elles sont amères. Ce sont les dernières.

Le métro Solférino. Le bistrot Solférino. Le parti. Parfois, il m'arrive de penser que j'ai passé plus de temps là-bas que dans ma propre maison. J'ai participé à des dizaines de réunions dans la salle Marie-Thérèse Eyquem, celle du Bureau national, sous la présidence de Michel Rocard, d'Henri Emmanuelli, de Lionel Jospin, de François Hollande, de Martine Aubry… Une fresque nous y a longtemps représentés, présidents, Premiers ministres, premiers secrétaires – je me demande ce qu'elle est devenue. À Solfé, j'ai assumé des responsabilités, j'ai rué dans les brancards ; j'ai été de la majorité et des minorités ; on m'a menacé d'exclusion si je ne me taisais pas ; évidemment, j'ai continué à parler. En signe de protestation, ultime provocation, j'ai même posé bâillonné par une croix scotchée sur la bouche pour un journal espagnol, qui en avait fait sa une. J'ai récité la langue des socialistes. J'ai participé à tous les rites, à toutes les grands-messes, à toutes les universités d'été de La Rochelle, et j'ai aimé ça. Lors de mon premier congrès, j'avais dix-neuf ans ; c'était à Valence en 1981, et certains orateurs, radicaux dans leurs discours, donnaient le sentiment qu'ils s'exprimaient à la tribune de la Convention en 1793. Beaucoup d'autres congrès ont suivi Valence. J'ai assisté à tous. Je n'ignore rien de l'histoire de mon parti. Les yeux fermés, je pourrais dessiner l'intérieur de Solfé, le grand escalier qui conduit au bureau du premier secrétaire, le plus grand, à l'étage. Les amis, les amours, les emmerdes, rien ne m'a échappé. Nous nous sommes engueulés, déchirés, puis nous nous sommes réconciliés. Au nom de l'union, nous sommes restés ensemble. Lorsque nous avons rompu, nous ne nous supportions plus depuis longtemps mais nous ne le savions pas.

En 2001, je suis élu à la mairie d'Évry. Le suffrage universel me donne une liberté dont, très vite, je ne peux plus me passer. J'apprends à être indépendant ; je m'éloigne de l'appareil. En 2002, je deviens député de la circonscription, une circonscription populaire ancrée dans la vraie vie. Quelques semaines plus tôt, le 21 avril, le ciel nous est tombé sur la tête : Lionel Jospin éliminé du second tour de l'élection présidentielle, devancé par Jacques Chirac et Jean-Marie Le Pen… Nous sommes K.O. debout, sonnés. Lionel a gouverné sérieusement la France pendant cinq ans ; si la rigidité des 35 heures et la montée de l'insécurité ternissent son bilan, si les divisions de la gauche sont calamiteuses, si sa campagne a été désastreuse, nous vivons cette défaite épouvantable comme la pire des injustices, la plus terrible des humiliations. Il nous faut appeler à faire barrage à l'extrême droite. Je mets dans l'urne le bulletin d'un homme que je combats depuis des années. Jospin annonce qu'il quitte la vie politique. Grande tristesse – Pierre Mendès France, Michel Rocard, Jacques Delors, Lionel Jospin, une forme de malédiction semble avoir fracassé ces hommes d'État. Trop honnêtes ? Trop rigoureux ? Pas assez démagogues ? Ils ont raté, tous les quatre, la dernière marche, celle qui conduit à l'Élysée.

J'ai beaucoup appris aux côtés de Jospin, qui se définissait comme « un austère qui se marre ». Nous connûmes la brève campagne législative de 1997 ; la dissolution inopinée de l'Assemblée nous surprit pas très loin de Solférino, alors en travaux. Nous nous étions installés rue de Vaugirard, où je partageais un bureau avec François Hollande. Fous rires assurés ! Jacques Chirac imaginait nous surprendre ; en réalité nous étions prêts, le programme élaboré, les candidats désignés, la gauche plurielle ferrée. Lionel m'avait confié la communication, un poste stratégique au cœur du dispositif. En même temps, je tentais d'arracher la circonscription d'Argenteuil à Robert Hue, le secrétaire général du PCF. Défait dès le premier tour, j'étais libre pour rejoindre l'équipe du nouveau Premier ministre à Matignon. L'expérience, exceptionnelle, dura pour moi quatre belles années.

Le 21 avril 2002, tout cela semble déjà loin. Allons-nous survivre à ce séisme ? Surmonter ce désastre ? Le parti socialiste tient bon. L'art de la synthèse de François Hollande fait des merveilles. Il réitère le miracle en 2005, au moment du référendum sur le traité constitutionnel européen ; alors que le parti, en décembre 2004, s'est clairement prononcé pour voter « oui » – ce n'était pas mon choix, mais j'avais accepté ce verdict –, plusieurs responsables du PS, au premier rang desquels Laurent Fabius et Jean-Luc Mélenchon, décident de passer outre la discipline interne et font clairement campagne pour voter « non » le 29 mai. Les Français rejettent le texte. François recolle les morceaux entre nous, privilégiant le plus petit dénominateur commun. Nous faisons semblant d'y croire, fermons les yeux sur la violence des antagonismes. Nous ne réfléchissons plus, nous tentons de survivre au délitement du parti d'Épinay. Le système des primaires prend le pas sur la délibération collective et atomise les vieilles structures. Malgré le chaos qu'a été sa campagne présidentielle de 2007, Ségolène Royal me paraît la moins pire pour succéder à François Hollande à la tête du PS en 2008 : je la soutiens contre Martine Aubry, dont la personnalité m'inquiète. J'aurais mieux fait de me tenir à l'écart. Martine l'emporte, à l'issue d'une fraude massive que le congrès de Reims met en évidence. Tout nous pousse vers l'abîme. Je suis loin d'imaginer que les frasques de DSK entraîneront sa chute et laisseront la place à des primaires ouvertes et disputées. J'y prends ma place. Elles ouvriront la voie de l'Élysée à François Hollande.

Nous, socialistes, sommes victimes de deux péchés capitaux : l'orgueil et la paresse. L'orgueil de croire à la pérennité de notre logiciel ; la paresse de ne pas travailler à le réinventer, qui nous mène à plaquer sur le XXIe siècle nos solutions pour le précédent. Je le dis, je l'écris, j'essaie de secouer ce parti qui ressemble de plus en plus au « grand cadavre à la renverse » dont Bernard-Henri Lévy fait l'autopsie dans un livre éponyme publié en 2007. J'exige haut et fort une modernisation et, déjà, un changement de nom. Je tente de rappeler à mes amis la mission première de la gauche : se soucier des plus modestes, des plus fragiles, assurer leur sécurité, les préserver du communautarisme qui aliène les destins, notamment celui des femmes, s'interroger sur les modalités d'accueil des étrangers dans une France dont l'extrême droite est devenue le premier parti. Certains d'entre nous ont renoncé à défendre l'intérêt général lorsqu'ils ont abandonné le combat pour la laïcité, flirté avec l'antisémitisme, ou bien basculé dans le communautarisme. Comment peut-on justifier le port du voile et se proclamer féministe ? Une aile de la gauche n'est plus républicaine ; elle est désormais identitaire, autrement dit réactionnaire.

En juin 2014, après le double désastre électoral des élections municipales et européennes, j'affirme que la gauche n'a jamais été aussi faible, qu'elle peut disparaître. L'attentat contre *Charlie Hebdo*, le 7 janvier 2015, provoque la bascule. Riss contre Edwy Plenel, le schisme fait voler en éclats les clivages traditionnels au sein de mon propre camp politique. Le PS se fracture à nouveau, mais cette fois sans rémission. Avouons-le, il n'y a plus rien à sauver : notre sécheresse idéologique est bien plus terrifiante que notre mort électorale. Dans l'opposition, nous avons surfé avec facilité sur l'antisarkozysme parce qu'il nous assurait des victoires locales faciles ; dans l'exercice du pouvoir, nous avons agi sans avoir le courage d'assumer nos choix. Pourtant, les réformes de structures nécessaires, nous les avons engagées : soutien aux entreprises, CICE, loi travail, crédit impôt recherche... Ces réformes sont à l'origine des bons résultats économiques du début du quinquennat d'Emmanuel Macron. Sur la sécurité, nous avons retrouvé une crédibilité après une longue période d'angélisme. Nous avons tenu bon face au terrorisme sans mettre en cause nos libertés. Nous avons adopté le mariage pour tous, donnant ainsi un nouveau droit aux couples homosexuels. Et nous avons engagé le pays sur la voie de la transition énergétique, portés par le succès de la COP21. Pourquoi avoir renié ce bilan ? Pourquoi avons-nous refusé de rendre justice à ce qui avait été fait ? Au jeu de la critique, la gauche radicale aura toujours un temps d'avance sur les socialistes. La primaire citoyenne de 2017 en est la démonstration : la culture de gouvernement est mise au ban, Benoît Hamon l'emporte largement. Il se fera dévorer par Mélenchon, qui l'avalera comme on gobe un moucheron. L'analyse de Jacques Julliard est cruelle : « Au printemps 2017, le peuple et la gauche, et plus précisément le peuple et le parti socialiste (...), ont fait le constat qu'ils n'avaient plus rien à se dire, ni non plus à faire ensemble », écrit-il dans *L'Esprit du peuple* (« Requiem pour une gauche défunte »). Mon échec face à Benoît me convainc que j'ai fait mon temps. Je quitte le PS, hué par certains. Je n'ai pas réussi à les convaincre. Usé par les années, abîmé par le pouvoir, miné par des luttes inutiles, j'ai sans doute manqué d'audace, celle qui a porté Macron à l'Élysée.

Avec le recul, je sais que cette crise de la gauche n'est pas seulement conjoncturelle ; elle n'est pas liée à nos seules erreurs ou à nos divisions, si profondes aient-elles été. Notre débâcle politique est avant tout idéologique et culturelle, à l'image de celle qui frappe toutes les gauches européennes. Depuis la chute du mur de Berlin, à l'automne 1989, c'est la social-démocratie tout entière qui est en quête de sens, à la peine pour redéfinir un projet global et cohérent. Longtemps point d'équilibre entre le libéralisme et le communisme, elle a perdu cette position privilégiée après l'effondrement du bloc soviétique. Le compromis élaboré après guerre entre la démocratie, l'économie de marché et l'État-providence s'est épuisé. Il fait désormais globalement consensus ; il ne suffit plus à identifier la gauche. Pire, celle-ci s'est montrée incapable de régénérer l'État-providence, de l'adapter aux réalités de notre époque, pour mieux lutter contre les inégalités et le déclassement d'une partie des classes moyennes, broyées par la crise financière de 2008. Faute d'affronter les conséquences de la mondialisation de l'économie et de l'individualisation de la société, la gauche s'est enfermée dans une conception pessimiste et passéiste du monde. L'éclatement du cadre national dans lequel s'élaborait le compromis social entre le travail et le capital, l'atomisation croissante du monde des salariés et l'apparition de nouvelles demandes sociales ont bouleversé ses références et ses repères. Le socialisme est devenu une formule morte. Cette crise a frappé de plein fouet le PS français, marqué par son complexe à l'égard du marxisme et son rapport compliqué avec l'exercice du pouvoir, oscillation perpétuelle entre défiance et remords.

Le quinquennat de François Hollande nous a laissés exsangues, laminés, fracassés par nos propres contradictions. Nous avons été incapables de répondre aux bouleversements identitaires et culturels qui fragmentent nos sociétés. Nous sommes entrés à reculons dans cet « âge identitaire » identifié par mon ami Laurent Bouvet. La gauche a tardé à réagir à la montée de l'antisémitisme en France et en Europe au début du XXIe siècle. Elle n'a pas su interpréter les attentats du 11 septembre 2001 et leurs conséquences. Elle est restée passive face au cocktail explosif qui a mêlé l'islam, le terrorisme et l'immigration, cocktail agité et exploité par l'extrême droite. Elle n'a pas su répondre aux craintes des classes moyennes et populaires, à leur peur de l'avenir ; cette « insécurité culturelle », autre formule de Laurent Bouvet, a fait le lit du populisme.

L'affaiblissement du projet européen a renforcé les inquiétudes identitaires, et plongé la social-démocratie dans un chaos dont nous ne sommes pas sortis. Ce déclin sera-t-il définitif ? C'est possible. La seule tentative pour régénérer la gauche est venue de Tony Blair, à l'origine de ce qu'on a appelé la « troisième voie ». Mais le modèle britannique ne s'exporte pas facilement. Et le mensonge pour justifier l'intervention des Anglais aux côtés de George Bush en Irak l'a discrédité. Je ne vois guère de perspectives, malgré une bonne tenue électorale ici ou là – en Espagne, au Portugal ou dans les pays du nord de l'Europe, très loin pourtant des scores d'il y a trente ans.

« Manuel Valls, êtes-vous de gauche ? » Je ne compte plus le nombre de fois où j'ai dû répondre à cette question. Je me souviens de Laurent Joffrin, à l'époque directeur de la rédaction de *Libération*, qui me recevait dans les locaux de son journal le crayon entre les dents. « Manuel Valls, êtes-vous de gauche ? » C'est bien une question de gauche. Chaque fois, derrière l'interrogation, vous sentez venir le procès en trahison. Oui, je suis de gauche – « Malgré moi, malgré elle, je mourrai à gauche », disait Albert Camus. J'aurais aimé inventer cette formule. Je suis de gauche, même si je sais que j'insupporte ceux qui sont convaincus d'être bien plus légitimes que moi à l'incarner. Ils oublient que la gauche, c'est une dynamique, un mouvement, une quête permanente de progrès. Je suis de gauche parce que je me demande toujours si telle ou telle décision que j'ai prise participe de cette avancée, si elle contribue à améliorer la vie des plus fragiles, à lutter contre les inégalités.

C'est concret. C'est tangible. C'est ce qui fait que depuis quarante ans je me définis comme un homme de gauche. Ma boussole m'indique l'action, au nom du respect des valeurs universelles. Aller de l'avant, conquérir de nouveaux droits, ne jamais renoncer à progresser. Je reste séduit par le génie humain et les découvertes extraordinaires qui bouleversent la médecine, la biologie, la génétique, l'intelligence artificielle. Je refuse de rester statique face aux dangers du monde contemporain : réchauffement climatique, multiplication des pandémies, crise alimentaire, prolifération nucléaire, terrorisme. Je m'inquiète du gigantisme et du monopole, dangereux pour nos libertés, des géants mondiaux du numérique. L'émancipation des individus passe par le mouvement. Être de gauche, c'est donc réfléchir à la manière de briser les déterminismes sociaux, économiques et culturels qui emprisonnent les hommes dans des carcans. Concrètement, c'est comprendre que les gilets jaunes sont, à l'origine du mouvement et avant leurs dérives, des hommes et des femmes purement et simplement étouffés par le coût du carburant de leur voiture. Ils le sont à un tel point que cela les empêche de nourrir leur famille correctement ; pour eux, c'est une question de survie. Tous les Français aimeraient donner à leurs enfants des produits bio, plus sains, meilleurs pour la santé. Pour quelques-uns c'est une évidence ; pour la majorité, c'est une alternative impossible, tant ils peinent déjà à boucler la fin du mois...

Trop souvent, la gauche s'est laissée aller à la facilité de plaquer un même idéal pour tous, sans réfléchir à ses modalités d'application, sans tenir compte de la diversité des situations. L'époque est marquée par une liquéfaction sans précédent du collectif. L'individu est isolé, soumis aux troubles du monde avec pour seul point d'attache au mieux sa sphère familiale, son cercle amical et parfois son territoire, au pire un simple téléphone portable. Nous devons recréer du collectif face à la pression individualiste. Et si l'humanité d'un Rocard m'inspire toujours, je veux aller plus loin. Je crois à une forme de républicanisme capable de transcender les frontières politiques. La société est un collectif de citoyens libres et égaux que la République doit protéger des inégalités et des dérives identitaires. L'école, la laïcité, des services publics rénovés, l'autorité sont ses armes. Je suis profondément européen mais j'aime la France et je crois en la nation, un concept révolutionnaire qui n'a rien perdu de sa modernité même si elle est le fruit d'une histoire millénaire. Je reste profondément attaché à la mystique républicaine chère à Charles Péguy ou à l'intransigeance d'un Clemenceau qui a tenu bon quand il a fallu défendre Dreyfus.

Ces deux années hors de France ont renforcé mon patriotisme. Je suis le fruit d'origines diverses, c'est une chance et une richesse, mais seule la France me fait vibrer. En Espagne, j'ai été témoin de la réalité du nationalisme exacerbé, de droite et de gauche, espagnol et catalan, qui divise et qui sépare ; tout le contraire du patriotisme ; le racisme n'en est jamais très loin.

L'avenir de la France me cause une inquiétude immense. Comment rester impassible face à la montée des violences ? Elles sont partout, et d'abord contre ceux qui incarnent l'autorité : flics, gendarmes, pompiers, maires, profs... Je l'ai écrit à de multiples reprises, je ne crains pas de le répéter : l'antisémitisme, les actes anti-musulmans ou anti-chrétiens explosent. Nous vivons sous la menace terroriste. La guerre est engagée contre l'islamisme. Les conséquences économiques et sociales de la crise sanitaire vont encore aggraver les inégalités malgré les moyens financiers colossaux engagés par l'État et l'Union européenne. La montée du chômage et de la pauvreté va renforcer la fracture entre les nantis et les victimes de la mondialisation, entre les élites et les déclassés, entre les générations aussi ; plus que jamais, c'est la France d'en haut contre la France d'en bas, un boulevard pour l'extrême droite. Le Rassemblement national est en capacité de gagner l'élection présidentielle de 2022, du moins de réussir à atteindre un score bien plus élevé que celui de Marine Le Pen en 2017. « Le Rassemblement national est en capacité de gagner l'élection présidentielle de 2022 » – mais comment en est-on arrivé à ce que je puisse écrire cette phrase sans lever le stylo ? Comment en est-on arrivé à envisager comme une alternative possible l'élection d'un candidat issu d'un parti qui prône des idées si peu conformes aux valeurs d'universalité de la République ? La France n'est pas n'importe quel pays. C'est la deuxième économie de l'Union européenne ; en 2050, elle en sera le pays le plus peuplé. Elle possède l'arme atomique. Elle siège comme membre permanent au Conseil de sécurité des Nations unies. La France parle au monde grâce à son histoire, sa langue, sa culture. L'Europe traverse des temps difficiles, et l'élection présidentielle française de 2022 sera cruciale pour sortir des troubles qui l'agitent. Je redoute la confrontation qui opposera au second tour, encore plus brutalement qu'en 2017, une certaine idée de la démocratie au national-populisme.

Si l'extrême droite l'emporte en France en mai 2022, rien ne sera plus possible. C'en sera terminé d'une Europe commune, l'Europe née des conflits atroces du XXe siècle. Une Europe forte qui doit affirmer davantage sa souveraineté économique, son autonomie stratégique dans un monde dominé par la confrontation entre les États-Unis et la Chine. Il nous faut protéger une culture partagée, un « défi de civilisation », disait Jean-Pierre Chevènement. J'ai grandi avec la fin des dictatures du sud de l'Europe, j'ai soutenu avec enthousiasme le combat de Walesa et de Solidarnosc, j'ai pleuré de joie au moment de la chute du mur de Berlin. Naïf ? Non. Je place la liberté au-dessus de tout. Prenons donc garde. Le désastre est à portée de voix. La démocratie est fragile et elle est une anomalie dans l'histoire des civilisations. Marcel Gauchet rappelle que la pratique démocratique est une lutte permanente. La crise de confiance est profonde. Notamment dans la jeunesse. Et une autre philosophe, Cynthia Fleury, évoque un ressentiment, un mécontentement sourd qui menace la société tout entière. L'abstention est la première formation politique de France. Les partis traditionnels sont dépassés, celui de la majorité, censé incarner le nouveau monde, est une coquille vide. Pas d'Histoire ; pas de projet ; pas de racines locales. Les candidats antisystème et leurs discours souvent conspirationnistes, absurdes, trouvent un large écho chez les Français. Les réseaux sociaux manipulent à grande échelle. Tout est donc possible. Comme dans la formidable série *Baron noir*. Chacun doit agir en responsabilité et s'interroger sur son utilité. La promesse républicaine n'est pas un vain mot pour moi. J'ai la légitimité pour la porter, j'ai l'expérience pour la défendre. Je suis un homme de gauche, un homme concerné par l'avenir de son pays, un homme engagé à le défendre des assauts réactionnaires qui menacent des siècles de progrès. J'ai vocation à être l'un des acteurs principaux du combat des Lumières contre l'obscurantisme.

Me projeter dans le futur m'a réconcilié avec mon passé. Depuis quelques semaines, je traverse tranquillement la rue de Solférino. Je n'ai plus la gorge nouée devant mon ancienne maison, recouverte de grandes bâches sur lesquelles il est écrit : « Un lieu historique, une adresse mythique, une réalisation iconique. » Neuf mots pour résumer quatre décennies de ma vie... Le PS a vendu les lieux pour 45 millions d'euros à une foncière qui veut y installer son siège social. Les socialistes ont déménagé en banlieue ; ils songent à revenir à Paris. Je les observe de loin. Leur destin ne me laisse pas indifférent mais ce n'est plus mon histoire. Désormais, je m'arrête plus volontiers au numéro 1 de la rue, devant l'hôtel de Salm et son dôme qui abrite le palais de la

Légion d'honneur. L'ordre y a été installé en 1802 par le Premier consul Napoléon Bonaparte – « Ce siècle avait deux ans / Rome remplaçait Sparte / Déjà Napoléon perçait sous Bonaparte »... Dans ce haut lieu du pouvoir, j'ai décoré des amis lorsque j'étais au gouvernement ; plus récemment, j'ai rendu visite au grand chancelier, le général Benoît Puga, un homme chaleureux, direct et cultivé. Ancien « para », membre de la Légion étrangère, il a sauté sur Kolwezi en 1978. Ce militaire expérimenté a servi comme chef de l'état-major particulier de Nicolas Sarkozy et de François Hollande. Le général Puga m'a reçu dans des salons magnifiques qui portent l'empreinte de l'Empereur, et dont la solennité m'impressionne toujours. La rue de Solférino, une rue sans âme ? J'ai écrit trop vite. L'âme des grands hommes ne meurt pas ! Napoléon Bonaparte et Charles de Gaulle s'y côtoient, réunis par l'historien Patrice Gueniffey dans l'un de mes livres de chevet, *Napoléon et de Gaulle, deux héros français*. Deux existences hors norme. Deux stratèges, deux combattants, deux dirigeants d'exception dont l'ambition était de réconcilier les Français. Je ne renie rien de mon engagement et de mes années à Solfé. Je n'ai aucune nostalgie. Je suis convaincu qu'en nous inspirant de notre histoire et de ses destins uniques, nous pouvons – nous devons – nous rassembler, nous réconcilier, pour affronter les défis du présent.

CHAPITRE 21

Un héros nommé Denis

De mémoire, c'était en janvier 2012. Peut-être un peu plus tard ? J'ai oublié la date exacte de ma rencontre avec Denis Favier. En revanche, je me souviens très bien de mon impatience. On n'a pas souvent rendez-vous avec un héros ! Un héros, je pèse mes mots. Un homme qui a dirigé le GIGN, l'unité d'élite de la gendarmerie. À l'époque, c'est un jeune commandant dont le courage et le sang-froid ont évité un bain de sang le 26 décembre 1994. Ce matin-là, dans l'obscurité de l'hiver, un Airbus A300 d'Air France atterrit à Marseille-Marignane. Il arrive d'Alger ; à son bord, quatre membres du Groupe islamique armé retiennent 221 personnes. Ils exigent la libération de plusieurs dirigeants du Front islamique du salut ; ils ont déjà exécuté trois otages, dont un jeune Français qui a pris une balle dans la tête avant que son corps soit jeté sur le tarmac. Les terroristes réclament ensuite qu'on remplisse les réservoirs de l'avion. Le gouvernement français comprend vite qu'ils ont l'intention de transformer l'appareil en bombe volante et de le jeter, bourré de kérosène, sur la tour Eiffel ou la tour

Montparnasse, préfigurant ce que seront les attaques du 11 septembre 2001. Édouard Balladur et Charles Pasqua décident donc que l'Airbus ne doit pas quitter Marseille. Ils autorisent le chef du GIGN, Denis Favier, lui-même à la tête de son unité, à donner l'assaut. Comme plus de 20 millions de Français, je suis scotché devant LCI, qui, pour la première fois, retransmet des images en direct. On entend les explosions, les rafales d'armes automatiques, les cris ; un gendarme du GIGN est à terre, on voit quelqu'un passer à travers le hublot du cockpit... Très vite, les otages sont évacués sains et saufs, après que les quatre terroristes ont été abattus. L'opération n'a pas duré dix minutes.

La réputation de Denis Favier le précède, mais c'est quelqu'un de simple et direct avec qui je prends date en janvier 2012. Mon ami Jean-Jacques Urvoas, député du Finistère, fin connaisseur des arcanes du ministère de l'Intérieur et passionné, comme moi, par les questions de sécurité, a fait le lien entre nous. Nous sommes à quatre mois du scrutin présidentiel ; dans l'équipe de campagne de François Hollande, chacun prépare l'alternance et prend ses marques pour la suite. Une victoire est possible. La place Beauvau, j'en rêve. Je n'en fais pas mystère ; je pense avoir toute légitimité à y prétendre, au regard de mon rôle politique auprès du candidat, de mon action résolue contre l'insécurité à Évry, de mes différentes prises de position publiques. D'autres sont sur les rangs, dont le maire de Dijon, François Rebsamen ; il est plus proche que moi de François, pourtant il me semble que ses réseaux, ceux de l'ancien ministre Pierre Joxe, datent un peu et n'inspirent pas une grande confiance à Hollande. Je crois en mon étoile ; pour autant, je me méfie. Peu de postes, beaucoup d'ambitions – l'équation est rapide à poser.

Officiellement, je me consacre à la campagne présidentielle. J'essaie de me rendre indispensable, de protéger le candidat du bruit et de la fureur du monde extérieur pour qu'il puisse rester concentré sur l'essentiel, de faciliter la fluidité des déplacements, de bien cadrer les meetings. Je suis là aussi pour rassurer Valérie, sa compagne, veiller à ce qu'elle trouve sa place dans le dispositif. Officieusement, je prépare la suite : l'exercice du pouvoir s'anticipe, faute de quoi nous coulerons dès les premières semaines. Je multiplie les rendez-vous discrets ; je consulte ; je réfléchis aux premières initiatives ; j'imagine une équipe, un style. Je veux être prêt. Dans cette perspective, Denis Favier est un interlocuteur précieux. C'est un homme d'action – il a sauvé l'Airbus mais aussi les otages du *Ponant*, un voilier de croisière tombé aux mains de pirates somaliens dans le golfe d'Aden en avril 2008. L'opération héliportée Thalathine a permis de libérer les trente personnes retenues prisonnières et de récupérer une partie de la rançon versée par l'armateur. Un homme d'action donc, capable de trancher et d'agir vite, mais aussi un meneur d'hommes, deux fois commandant du GIGN. Il est à l'origine de sa restructuration et de sa modernisation : grâce à lui, ce n'est plus seulement une unité d'élite nationale, c'est une unité d'élite mondiale dans le combat contre le terrorisme.

Lorsque nous nous rencontrons, en janvier 2012, il est à la tête des gendarmes de l'Île-de-France. Tout de suite, le courant passe. Je suis frappé par son charisme, la puissance de sa présence. Lorsque Denis Favier entre dans une pièce, l'atmosphère change. Bien sûr, il a l'autorité de sa formation militaire ; sa force, c'est qu'il a beaucoup plus : il parle politique. Lutter contre le terrorisme, contre la criminalité, contre la petite et la grande délinquance, améliorer la coopération entre les gendarmes et la police, voir à long terme… Il a déjà réfléchi à tout. Méthodique, économe de mots et surtout d'effets, il m'impressionne. Je n'ai pas simplement besoin qu'il me rejoigne – j'en ai envie. Le 15 mai 2012, sitôt nommé à l'Intérieur, je l'appelle à mes côtés. Ensemble, nous mettons immédiatement en place les zones de sécurité prioritaires dans les territoires ruraux ou péri-urbains placés sous la responsabilité des gendarmes. Denis Favier m'accompagne sur le terrain, en métropole et en Outre-mer, en Afrique et en Afghanistan, partout où les gendarmes interviennent aux côtés de nos armées. Avec lui, j'apprends à mieux connaître un corps qui n'a cessé de se moderniser, loin de l'image bouffonne du maréchal des logis-chef Cruchot, merveilleusement incarné par Louis de Funès dans *Le Gendarme de Saint-Tropez*. Longtemps, la gendarmerie a dépendu du ministère de la Défense ; Nicolas Sarkozy, en la ramenant vers le ministère de l'Intérieur, a pris la bonne décision, en cohérence avec l'évolution de la délinquance et des différentes menaces à la sécurité intérieure. Le maintien de l'ordre, le renseignement local, la lutte contre le terrorisme ou le crime organisé imposent en effet la meilleure coordination possible. Les deux forces, gendarmerie et police, militaire et civile, sont complémentaires malgré des frottements et des tensions inévitables.

J'aime les flics, leur immersion dans la société, leur attachement à la République. Ils sont en première ligne, confrontés à l'extrême violence de la société. Jean-Michel Fauvergue, aujourd'hui député de la majorité, que j'ai nommé en 2013 à la tête du RAID, est un autre de ces héros lorsqu'il dirige les assauts contre les terroristes islamistes de l'Hyper Cacher et du Bataclan. Mais la police traverse aussi une crise matérielle, sociale, morale qui explique les dérapages inacceptables de quelques-uns. En temps de troubles, la discipline militaire, qui impose le respect de la hiérarchie et l'obéissance, est un atout primordial. Denis Favier incarne l'autorité dont toute organisation humaine a besoin. Sa formation à Saint-Cyr, l'école de guerre, sa culture, son courage, son humilité, mais aussi le recul qu'il est capable de prendre sur les événements lui donnent l'ascendant dont un chef a besoin. Ses hommes savent qu'ils peuvent compter sur lui : à l'automne 2014, il les défendra après leur mise en cause dans la mort d'un jeune militant écologiste, Rémi Fraisse, tué pendant une manifestation contre le barrage de Sivens. Aucun gendarme ne sera poursuivi par la justice après ce drame. Favier ne tremble pas face aux groupes d'extrême droite infiltrés dans la Manif pour Tous ; il conduit de main de maître l'opération lancée pour neutraliser les frères Kouachi, réfugiés dans une imprimerie à Dammartin-en-Goële après l'attentat meurtrier contre *Charlie Hebdo*, en janvier 2015. Il est compétent sur le terrain, où il rassure ses équipes ; il est au moins aussi efficace en réunion de crise, tous ceux qui ont assisté à ses prises de parole à l'Élysée ou à Beauvau peuvent en témoigner. En 2013, je le nomme à la tête de la gendarmerie nationale. Un choix qui ne prête à aucune discussion – ce général 5 étoiles est le meilleur de sa génération.

Comme lui, j'ai regretté le recul du gouvernement face aux zadistes qui occupaient Notre-Dame-des-Landes. Comme lui, j'ai acquis la conviction que le ministère de l'Intérieur incarnait mieux qu'aucun autre la puissance de l'État grâce aux préfets, aux forces de l'ordre, aux pompiers – ceux dont l'uniforme identifie la verticalité du pouvoir. Toutes ces sphères de l'autorité sont aujourd'hui bafouées. Ici, on tire à balles réelles sur des policiers ou des gendarmes ; là, on attire des pompiers dans de véritables guets-apens, on frappe des professeurs. Hannah Arendt parlait déjà dans *La Crise de la culture* (Gallimard, 1961) d'un « effondrement plus au moins général, plus ou moins dramatique de toutes les autorités traditionnelles ». Outre la politique, cette crise, poursuivait la philosophe, a « gagné des sphères prépolitiques, comme l'éducation et l'instruction des enfants, où l'autorité, au sens le plus large, a toujours été acceptée comme une nécessité naturelle ». Aujourd'hui, tout concourt à contester l'autorité, dans un monde où la mondialisation fait disparaître les frontières, met en cause la souveraineté nationale, malmène la pérennité du modèle social et accentue les peurs globales. Tout ce qui relève de l'aléa, de l'imprévisible, comme la pandémie de Covid, symbolise l'impuissance d'un État qui peine à trouver des réponses. Les extrêmes s'engouffrent dans les brèches. Face à eux, la République doit réaffirmer la primauté de l'ordre, celui qui protège, celui qui garantit la sécurité et la liberté. L'autorité est émancipatrice. Dans une démocratie, le peuple ne choisit pas la sécurité ou les libertés. L'État doit être en mesure de lui garantir les deux. « Un peuple prêt à sacrifier un peu de liberté pour un peu de sécurité ne mérite ni l'une ni l'autre, et finit par perdre les deux », écrivait Benjamin Franklin. Je veux réhabiliter l'ordre et l'autorité, pas parce qu'ils oppriment, au contraire – parce qu'ils libèrent.

En France, la figure du général d'armée a toujours suscité l'engouement ; la popularité d'un Pierre de Villiers, qui a démissionné avec éclat en 2017 pour protester contre des coupes dans le budget de l'armée et contre l'humiliation que lui a fait subir le chef de l'État, en est un exemple récent. Je ne doute pas de son républicanisme, mais je me méfie de ceux qui s'engagent en politique ; le général Boulanger est passé par là. De Gaulle a rompu avec la caste militaire quand il s'est agi d'incarner la France, de restaurer la démocratie et de rallumer la flamme de la République. Denis Favier pourrait être l'exception qui confirme ma règle. Après avoir bien préparé sa succession à la tête de la gendarmerie, il est désormais dans le privé, chargé de la sécurité chez Total, mais nous n'avons jamais cessé d'échanger. La France a besoin d'hommes tels que lui, véritable commandant Picquart du XXIe siècle – Picquart, saint-cyrien, militaire de carrière, à l'origine de l'enquête qui innocenta le capitaine Dreyfus. Clemenceau en fit son ministre de la Guerre. Denis a l'expérience, les convictions, la rectitude qu'il faut pour servir son pays. J'espère un jour voir le général Favier revenir aux responsabilités.

CONCLUSION

La France coule dans mes veines

Printemps 2020. Un nouveau virus, la Covid-19, se propage à une vitesse terrifiante un peu partout sur la planète. Le 11 mars, l'OMS déclare l'état de pandémie mondiale. L'Europe commence à compter ses morts. Le 14 mars, quatre jours après l'Italie, l'Espagne annonce un confinement drastique. Le 17 mars, la France prend la même décision. Du jour au lendemain, tous les pays sont à l'arrêt. Je suis bloqué à Minorque avec Susana. Nous arrivons de Paris, où j'ai ressenti l'inquiétude des Français ; des événements culturels annulés, des mesures sanitaires inédites… Il se passe quelque chose et nos sociétés, désemparées, hésitent encore : faut-il vraiment renoncer à s'embrasser ? À se serrer la main ? Est-ce plus grave qu'une grippe ? Les informations sont contradictoires. Le premier tour des élections municipales est maintenu, alors qu'Édouard Philippe a déclaré la veille la fermeture des commerces non essentiels. « Restez chez vous, mais allez voter ! » – le message est lunaire. Je m'inquiète pour ma mère et ma sœur, fragiles toutes les deux. J'échange avec mes enfants. Une nouvelle vie s'organise – pour nous, elle commence dans des conditions privilégiées : de l'espace, un grand jardin, peu de voisins. L'île est magnifique à cette période de l'année. Mais les mauvaises nouvelles arrivent très vite. Le virus emporte la mère de Susana en quelques jours. Susana elle-même, contaminée à son chevet, doit observer une longue quarantaine. Nous sommes séparés plusieurs semaines. Elle est seule à Barcelone, éprouvée par la perte d'un être cher, par l'absence d'obsèques et l'impossibilité d'étreindre son père, octogénaire. Le deuil a besoin de ses rites. Nous souffrons d'en être privés, d'autant qu'au fil des semaines nous perdons des amis, des connaissances. Ces morts que personne n'accompagne vers leur sépulture nous froissent le cœur.

Au sein du conseil municipal de Barcelone, qui se tient en visioconférence, nous prenons les premières mesures d'urgence pour soutenir l'économie de la ville. J'assume pleinement ma tâche d'élu local catalan, soucieux de sauver ce qui peut l'être ; pourtant, c'est à la France que je pense à chaque instant. Je lis la presse française, je regarde les chaînes françaises de télévision, j'entends les débats sur les radios françaises, j'écoute les interventions du président de la République, du Premier ministre, du ministre de la Santé. Je me désole des maladresses, des hésitations, voire des mensonges, sur les masques par exemple : « Les masques sont inutiles mais portez-en ! » Les incohérences de parole du gouvernement français, qui varie au gré des recommandations scientifiques, sapent l'autorité du pouvoir. Certes, les Français font preuve de discipline et acceptent la privation de libertés fondamentales, comme celle de se déplacer. Mais je mesure la méfiance qui grandit. Je vois les polémiques absurdes et les thèses complotistes envahir les réseaux sociaux. L'obscurantisme, le relativisme gagnent du terrain, la raison et la science sont contestées. Dans le pays de Pasteur, on doute des vaccins. Réflexe d'ancien chef du gouvernement, je me demande comment j'aurais géré une crise qui marque un tournant anthropologique sans précédent : pour la première fois, un événement concerne les populations du monde entier au même moment. Partout ou presque, la santé des personnes a été privilégiée par rapport à l'économie. Je sais combien l'exercice du pouvoir en situation d'extrême tension est redoutable ; j'ai affronté des attaques terroristes, fait face à la menace de propagation de l'épidémie d'Ebola qui a frappé durement l'Afrique de l'Ouest. La crainte de ne pas prendre les bonnes décisions, la menace de judiciarisation, le manque d'anticipation contribuent à un débat rien moins que serein, dans une France toujours traumatisée, plus de trente ans après, par l'affaire du sang contaminé. Le mensonge d'État a coûté cher.

Bien sûr, je m'interroge sur mon rôle, sur notre rôle lorsque nous étions aux responsabilités : avons-nous fait des erreurs ? Je m'entretiens avec François Hollande, j'appelle d'anciens ministres de mon gouvernement, Marisol Touraine ou Jean-Marie Le Guen, je discute avec des responsables de mon cabinet ou de l'administration de l'époque, notamment à propos de la gestion des masques. Décentralisée, elle a manqué d'un suivi rigoureux. Mais j'ai beau essayer de comprendre, je ne m'explique pas la destruction massive des stocks après 2017 ; quant à l'absence de réactivité des autorités françaises après la mise en quarantaine de Wuhan, berceau chinois de la Covid-19, le 23 janvier 2020, elle me sidère. Je suis convaincu que le ministère de l'Intérieur, mieux armé que celui de la Santé pour faire face aux crises, aurait dû être le véritable chef de file de la mobilisation dans cette crise sanitaire. Ce qui ne m'empêche pas de prendre ma part des erreurs commises par les dirigeants français – depuis des années, nous considérons la santé publique comme un coût plutôt qu'un investissement. Fragilisé par des réductions budgétaires successives, le système hospitalier n'était pas prêt à affronter une telle crise ; il a tenu grâce au professionnalisme et à l'engagement des personnels soignants.

L'heure n'est pas à la division, ni à la critique. Face au drame qui se joue dans les salles de réanimation et dans les EHPAD, l'unité s'impose. Et puis, peu de pays peuvent prétendre avoir bien géré cette crise inédite. Pendant ces longues semaines, j'appuie sans réserve, haut et fort, le gouvernement de mon pays. J'échange avec Emmanuel Macron ; il sait que son quinquennat est en train de basculer. La réforme des retraites ou la révision constitutionnelle pour un renouveau de la vie démocratique, déjà en mauvaise posture, sont abandonnées. L'élan de 2017 est brisé net. Je réfléchis en homme politique français. J'examine à la loupe les mesures financières qui pourraient soutenir les secteurs de notre économie les plus touchés, je me félicite des choix de la BCE et de l'Union européenne, je m'interroge sur le niveau soutenable de nos dettes et de nos déficits, je m'inquiète des conséquences sociales à long terme engendrées par la précarisation d'un grand nombre de mes compatriotes. Il faut tout repenser. Ces inquiétudes prennent une nouvelle dimension avec le deuxième confinement, qui exacerbe à l'automne les tensions socio-économiques, et surtout avec les attentats terroristes qui reprennent. En plein procès des attaques de *Charlie Hebdo* et de l'Hyper Cacher, les deux personnes blessées au hachoir dans une rue de Paris me ramènent brutalement aux heures les plus noires de 2015, une rédaction décimée, la prise d'otages de la porte de Vincennes, des Français massacrés au Bataclan, aux terrasses des restaurants. Le 16 octobre, un pas supplémentaire est franchi dans l'horreur, dans l'abjection, avec la décapitation barbare d'un professeur d'histoire et de géographie. Son seul tort : avoir traité de la liberté d'expression pendant un cours. Plus tard, trois fidèles sont assassinés dans une église catholique de Nice. J'exprime mon indignation, ma rage, mon soutien inconditionnel à ce pays qui est le mien et auquel les fous de Dieu veulent faire mettre un genou à terre. Les médias reviennent vers moi ; ils me donnent la parole parce que, sur le fléau de l'islamisme, sur la montée de l'antisémitisme, sur la défense de la laïcité, j'alerte les Français depuis longtemps. Aujourd'hui, il me semble qu'ils sont plus nombreux à m'écouter. Ai-je un rôle à jouer ? Je le pense. Suis-je à même de défendre l'idéal auquel je crois, une civilisation démocratique, laïque et tolérante ? J'en suis convaincu.

Notre destin tient à un fil. Nouvelle vague, nouveaux variants ; la pandémie poursuit ses ravages meurtriers. Il y a l'espoir suscité par les vaccins mais les gens sont fatigués, épuisés. La défiance et la colère ébranlent notre pacte républicain. La sortie de la crise sanitaire et sociale va être longue. Jamais notre pays n'a paru si fragile, si vulnérable. Jamais je ne me suis senti si français. Dans ce livre, j'ai tenté de donner un sens à mon engagement, à mon récit national. Les dates, les portraits, les lieux dont j'ai parlé jalonnent mon parcours. Leur force ne tient pas à leur dimension personnelle : elle émane de leur valeur universelle. Ma France, celle des Lumières, celle des banlieues, celle des livres, celle du respect de la planète, parle la langue de beaucoup de Français. Elle en a tous les visages. Elle en assume les valeurs, l'héritage et l'ambition. Comme Romain Gary, que j'ai tenu à citer en exergue : « Je n'ai pas une goutte de sang français mais la France coule dans mes veines. » On a dit de ce Juif lituanien, naturalisé français, gaulliste, compagnon de la Libération, diplomate, merveilleux écrivain aux multiples visages, qu'il était un « homme sans identité ». Quelle erreur – il était au contraire l'excellence de la France. Comme lui, j'ai l'ardent désir d'être utile. À chacun sa promesse de l'aube.

TABLE DES MATIÈRES

Cet ouvrage a été achevé d'imprimer sur Roto-Page
par l'Imprimerie Floch à Mayenne
pour le compte des éditions Grasset
en mars 2021

Mise en pages
PCA 44400 Rezé

PAPIER À BASE DE
FIBRES CERTIFIÉES

Grasset s'engage pour
l'environnement en réduisant
l'empreinte carbone de ses livres.
Celle de cet exemplaire est de :
550 g éq. CO_2
Rendez-vous sur
www.grasset-durable.fr

N° d'édition : 21996 – N° d'impression : 98103
Première édition, dépôt légal : mars 2021
Nouveau tirage, dépôt légal : mars 2021
Imprimé en France